函館

HAKODATE

素敵なカフェ&お店案内

こだわりのカフェ・
パン・スイーツ・雑貨たち

でざいんるーむ 著　富田 桃子 写真

メイツ出版

CONTENTS

函館
素敵なカフェ&お店案内
こだわりのカフェ・パン・スイーツ・雑貨たち

全体MAP

函館ベルコ会館
ラマイ函館桔梗店
雑貨屋 pente
函館トヨペット
函館蔦屋書店
コープさっぽろ
はこだて未来大学
cafe én
セイコーマート
東久根別駅
100
5
ツルハドラッグ
石川公園
セブンイレブン
道南いさりび鉄道
ケーズデンキ
サンクス
赤川通
産業道路
本を読まない人のための本屋
wonderful world!
七重浜駅
スーパーオートバックス
ヤマダ電機
えほんカフェ ひっぽ
レクサス
MEGA ドン・キホーテ
347
北海道大学水産学部
医師会病院
函館病院
ヤマダ電機
JR五稜郭駅
赤川通
亀田川
函館大谷短期大学
コジマ
227
夏井珈琲 Brücke
函館市中央図書館
五稜郭公園
JR函館本線
北海道警察函館方面本部
自家焙煎珈琲 ピーベリー
MOJAN Zakka
北海道新聞函館支社
571
パン研究所 神戸こむぎ館
CAFE PARI,SIA
北洋銀行
五稜郭公園前
83
杉並町
柏木町
函館湾
本と珈琲と酒 百閒
万代埠頭
中央病院前
オーシャンスタジアム
茶蔵
Cafe plantar
千代台
中央埠頭
手づくりパンの家 ムックル
OLD NEW CAFE
函館市電
堀川町
ANTIQUITÉS
Yagies Coffee
函館競輪場
昭和橋
函館どつく
西埠頭
千歳町
278
JR函館駅
亀田川
新川町
函館漁港
函館どつく前
市役所前
函館駅前
漁火通
啄木小公園
のらいぬ
松風町
緑の島
シネマ太陽
みかづき工房／Gallery･Café 三日月
大町
函館市役所
CASANOVA HAKODATE
カフェテリア morie
457
魚市場通
(函館信用金庫本店前)
Queensbury House
外国人墓地
末広町
ティーショップ夕日
元町公園
十字街
279
西部地区拡大マップ
ごはんおやつ シプル
函館西高校
LUPINUS Cafe
café D'ici
宝来町
函館山ロープウェイ
Atelier and Shop SUQ+
山頂駅
山麓駅
スーパー魚長 生鮮夢市場
茶房 ひし伊＆古きものなどなど
675
Cafe LAMINAIRE
函館公園
青柳町
函館山
津軽海峡
谷地頭
cafe 海と硝子
立待岬
大鼻岬

西部地区拡大MAP
函館湾
大手町ハウス函館
Café Cente Naire
函館水産
製氷協同組合
ニチロビル
Cafe & Deli MARUSEN
函館国際ホテル
水産物地方卸売市場
ニチレイ・ロジスティクス
道水
及能倉庫
はこだてビール
函館
大手局
函館水産物
大手ポンプ場
春木商店
ラビスタ
函館ベイ
セブン
イレブン
サンクス
ソラノート
チャーチベイ函館
ラッキーピエロ
マリーナ末広店
はこだて
海鮮市場
函館ベイ
美食倶楽部
魚市場通
（函館信金本店前）
赤レンガ倉庫群
はこだて明治館
金森洋物館
豊川稲荷神社
函館おおてまち
クリニック
GS
ホテル
ショコラ函館
金森倉庫
豊川広路
函館市電
セイコー
マート
和雑貨 いろは
茶房 旧茶屋亭
Cafe Mario Doll
イエロー
グローブ
豊川広路
279
279
Pazar Bazar
コープ
さっぽろ
cafe Drip Drop
北海道
銀行
北洋銀行
十字街
はこだて工芸舎
龍谷幼稚園
さかえ通
東川広路
西別院
文化会館
北海道
坂本龍馬記念館
函館市地域交流
まちづくりセンター
アクロス
十字街
東川児童館
本願寺
函館別院
五島軒本店
二十間坂
南部坂
焼き菓子 ホタル
OZIO 本店
江口
眼科病院
銀座通
675
函館市電
ヴィラ・コンコルディア
リゾート&スパ
高田屋通
函館
元町局
ローソン
Transistor CAFE
至宝来町電停

セブン
イレブン
★ROMANTiCO ROMANTiCA
457
GS
緑の島
大町
姿見坂
弁天末広通
おぐま冷蔵倉庫
函館
大町局
常盤坂
函館市電
新島襄海外
渡航記念碑
函館
元町ホテル
ツルハ
ドラッグ
弥生坂
公海食品
冷凍工場
★
idohado donuts.
函館湾
東坂
海上自衛隊
函館基地隊
弥生小学校
カクタス
ビル
457
北海道第一歩の
地碑
弁天末広通
函館市
北方民族資料館
末広町
北島三郎記念館
基坂
ペリー提督
来航記念碑
函館市文学館
函館西波止場
ティールーム
ヴィクトリアンローズ★
Green Gables
★
函館博物館
郷土資料館
279
函館市旧
イギリス領事館
元町公園
日和坂
高橋病院
旧相馬邸
★
279
函館市
元町観光案内所
カフェ 元町
旧函館区公会堂
PATATE
★HAKODATE
八幡坂
弁天末広通
日和坂
She told me★
大三坂
甘味茶房
花かんろ
元町 日和館★
★
★茶房 菊泉
専修学校
ロシア極東大
函館校
港が丘通
★
ロシア & 東欧雑貨
チャイカ
天然酵母パン
tombolo & Studio Oval
★
元町白百合
幼稚園
船魂神社
函館西高校
遺愛幼稚園
カトリック
元町教会
大三坂
東本願寺
函館別院
二十間坂
函館山
函館
ハリストス正教会
1107物語★
Old Miss 菊★
675
プレステージ
函館元町
函館
聖ヨハネ教会
★まるたま小屋

HOW TO USE
本書の使いかた

本書では、函館および近郊のカフェ、雑貨店を「歴史的建造物」、「こだわり」、「古民家」、「眺めのいい」、「リノベーション」の5つのカテゴリーに分けて紹介しています。

紹介店舗がカフェの場合、お店の代表的なフード、スイーツ、ドリンクを掲載しています。料理内容や値段は変更されることもあります。ご了承ください。

Cafe カフェ　Cafe & Goods カフェと雑貨

Goods 雑貨　Bread & Goods パンと雑貨

4つのジャンルに分類しています。

- 住 住所
- ☎ 電話番号
- 営 営業時間
- 休 定休日(年末年始は省略している場合があります)
- 席 席数
- 全席禁煙、分煙など
- P 駐車場の有無

※本書に記載されている情報は、2019年6月現在のものです。営業時間、定休日、料金などは予告なく変更になる場合があります。

※メニューや商品の価格は消費税(8%)込で表示。税制改正により価格が変更になる場合があります。ただし、税別の特記がある場合は消費税別の価格です。

※掲載のメニューや商品は一例です。季節や仕入状況により変更となる場合がありますので、詳細は各店舗にご確認ください。

Historical Structure

歴史的建造物

カフェ & 雑貨店

函館らしい街並を形成する
歴史的価値を持つ貴重な建物は
この街でこれからも生き続ける

Cafe & Goods

銀座通り入口の風格ある建物を再生
全国の工芸、陶芸家たちの発信基地

はこだて工芸舎

はこだてこうげいしゃ

1

2

3

4

❶2018年に中庭のあるスペースに新設した「箱庭カフェ」❷・❸堂前守人さんの陶芸品を中心に全国各地の選りすぐり作品を展示販売❹梅津商店は明治19年創業の酒類、食料品問屋。建物は1934（昭和9）年の函館大火後に竣工

十字街周辺は、かつての函館の中心街。当時、繁華街として賑わった銀座通り入口には、銀行のような風格のある旧梅津商店が立っています。長年使われていなかったこの建物を創建当時のような姿に修繕したのは、地元陶芸家で「はこだて工芸舎」主宰の堂前守人さん。同店では、堂前さんの作品を中心に、北海道をはじめ全国の作家たちの発信基地としてさまざまな企画展や各種イベントなどが行われています。

　また、新設の「箱庭カフェ」では、こだわりのお茶やコーヒー、季節に合わせた創作和菓子が楽しめます。

MENU

コーヒー	500円
お茶セット	700円
白雪ぜんざい	600円
バナナビーツ	600円

無農薬大豆を使った創作生菓子「きなこボール」付きのお茶セット

堂前さん作の器にビーツの赤が映える「バナナビーツ」

コーヒーは「箱庭カフェ」用に創作したドリッパー付きカップでいただく

住 函館市末広町8-8
☎ 0138-22-7706
営 10:00〜18:00（Lo17:00）
休 なし
席 12席　全席禁煙
P 6台（無料）

市電「十字街」電停前

Cafe & Goods

ティールーム
ヴィクトリアンローズ

ティールーム ヴィクトリアンローズ

アンティークな調度品に囲まれて
ゆったり味わうアフタヌーンティー

1

2

3

❶「アフタヌーンティーセット」1人前1,500円のオーダーは10時～17時（冬期16時まで）❷イギリス直輸入の紅茶や雑貨を販売する「英国雑貨クィーンズメモリー」を併設❸函館市旧イギリス領事館内の開港記念館は入館料300円（大人）

MENU

ヴィクトリアンローズセット（1人前） 1,800円
ケーキセット 850円
薔薇ゼリーアイス（コラーゲン入） 750円

ティールームで使われているカップ&ソーサー。2,376円

ティータイムにおしゃれな砂時計はいかが？ 1,080円

住 函館市元町33-14
函館市旧イギリス領事館内
☎ 0138-27-8159
営 9:00～19:00（Lo18:30）、11～3月は9:00～17:00（Lo16:30） 休 なし
席 41席 全席禁煙 P なし
※元町観光駐車場立体式・広場式（有料）をご利用ください

市電「末広町」電停より
徒歩約5分

基坂の途中に立つ「函館市旧イギリス領事館」は１９１３（大正２）年の竣工。昭和初期まで現役の領事館として活躍し、函館市の有形文化財に指定されています。１９９２（平成４）年に復元され開港記念館として利用されているこの施設内のティールームでは、本場のイングリッシュティーを楽しめます。

英国製のアンティークな調度品に囲まれて、ポットサービスの紅茶とともに、サンドイッチやミニケーキ、手作りスコーンやクッキーをいただく「アフタヌーンティーセット」で、ゆったりとした時間をお過ごしください。

Cafe

船魂神社の参拝帰りに立ち寄りたい
懐かしい駄菓子屋の面影残る甘味処

甘味茶房 花かんろ

かんみさぼう はなかんろ

1

2

3

4

❶元気なうちは店を続けたいと話す店主の山田さん❷住居部分を生かした店舗右側の和室の小上がり❸駄菓子屋時代に使われていた陳列棚が今も残る❹正面の和風格子出窓、側面は洋風の縦長窓が設置された函館市の伝統的建造物

観光客が行き交う港が丘通りと日和坂の途中に立つ建物は、1921（大正10）年建造の店舗兼住宅。昭和から平成の初めまでは駄菓子屋さんを営み、味噌、醤油、学用品なども扱っていたそうです。建物が函館市の伝統的建造物に指定されたのをきっかけに、お姑さんとその妹さんから引き継いだ店主の山田照子さんは、1995（平成7）年、一部を改装し甘味処を始めました。

　日和坂を上りきって船魂神社へお参りした帰りに、手作りの素朴な味わいが楽しめるあんみつや天むすをいただくのも風情があっておすすめです。

MENU

コーヒー	400円（税別）
甘酒	300円（税別）
抹茶白玉	600円（税別）
抹茶（お茶の子付）	500円（税別）
天むすび（1個）	200円（税別）

自家製の白玉や寒天、甘さ控えめのつぶあんに、季節のフルーツがたっぷり。「白玉クリームあんみつ」600円（税別）

大三坂から旧函館区公会堂へと続く港が丘通りでは、数多くの伝統的建造物を見ることができる

住 函館市元町14-6
☎ 0138-22-9213
営 9:00～17:00
休 不定
席 35席　分煙
P 2台（無料）

市電「末広町」電停より
徒歩約5分

Goods

元町 日和館

もとまち ひよりかん

限定品の「北うさぎ」シリーズや
ユニークなネコグッズに癒される
函館の伝統的建造物の雑貨屋さん

❶ほっこりとした猫のイラストのポストカードはお土産にもぴったり❷クラフト作家・成田粋子さんが手がける「北うさぎ」シリーズのグッズ❸地元のイラストレーター・ひなこさんが描いたかわいい猫の原画も多数販売

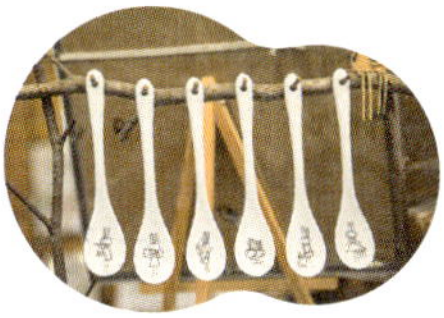

かわいいイラストが描かれた「北うさぎ」のグッズ

ネコグッズが多いのがこのお店の特徴「ミニアートフレーム」756円

古木を使った額は店主の犬石さんが考案したもの。「のぞきねこ」5,100円

住 函館市元町10-13
☎ 0138-27-2685
営 10:00～16:00
休 なし（10月～5月は月曜）
P なし

市電「末広町」電停より
徒歩約5分

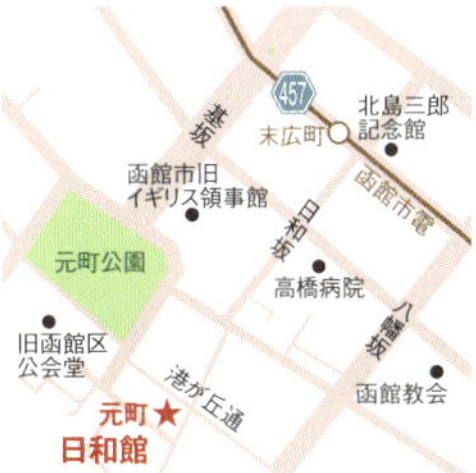

港が丘通りでひときわ目を引く深緑と明るい水色の建物は、1921（大正10）年の大火後に建てられた函館市の伝統的建造物。2つの建物の1階部分を利用した店舗には、さまざまなネコグッズとともに、地元の手作り作家の作品が数多く並びます。

中でもクラフト作家の成田粋子さんによる「北うさぎ」シリーズは、新作のエコバッグをはじめバリエーションも豊富。ここでしか手に入らない限定品も販売しています。フェルト作家・奥村貴美子さんが、猫の顔をニードルフェルトで表現したユニークな「のぞきねこ」も人気です。

Bread & Goods

味わい深い天然酵母パンと独創的な陶芸品に魅了

天然酵母パン tombolo & Studio Oval

てんねんこうぼパン トンボロ アンド スタジオ オーバル

❶量り売りのケーキやラスクも販売。その場で食べられるカフェスペースもあり❷ギャラリーでは苧坂さんの父で陶芸家の恒治さんの作品を中心に展示している❸大三坂の途中に立つ和洋折衷の建物を店舗兼住宅にリノベーション

どんな料理にも合う「カンパーニュ」1.1円／g、1/4カットは約270円

有機ピーナッツとかぼちゃやひまわりの種が香ばしい「ナッツパン」2.1円／g、ハーフサイズ420円

ワインやチーズにぴったり「山ぶどうとくるみのパン」2.1円／g、ハーフサイズ450円

住 函館市元町30-6
☎ 0138-27-7780
営 11:00～17:00
（パンがなくなり次第閉店）
休 月・火曜（祝日は営業）
P なし

市電「十字街」電停より徒歩約10分

日本の道百選に選ばれた大三坂の途中、1921（大正10）年に建てられた和洋折衷住宅の1階にある自家製天然酵母パンの店。天然酵母パンで知られる東京の「ルヴァン」で修業を積んだ苧《う》坂淳《さかじゅん》さんが、2010年にオープンさせました。店の半分は函館在住の陶芸家・苧坂恒治さんの作品を中心に展示するギャラリーとして利用されています。

北海道産小麦に塩と水のみで作ったパンは、シンプルながら味わい深く、日持ちするのが特徴。常時店頭に並ぶのは6種類ほどで、人気ゆえに売り切れてしまうこともあるのでお早めに。

Cafe

She told me

シー トールド ミー

約1世紀の時を超えてよみがえったビル
その歴史と魅力を訪れる人に伝える
アメリカンカジュアルレストラン

1 オーナーの小野寺さんがイメージしたのはオールドニューヨークのカジュアルレストラン 2 個性的なラベルが特徴の静岡のベアードビールやホップが利いたUSAビールがおすすめ 3 縦長の窓や天井の装飾は建築当時のまま

大三坂の途中に立つ伝統的建造物「大三坂ビルヂング」は、1921（大正10）年に建造された旧仁寿《じんじゅ》生命函館支店を改修し、複合商業施設として生まれ変わった建物です。

1階のアメリカンカジュアルレストランは、この建物に魅せられた小野寺拓哉さん、知子さん夫妻が2017年12月にオープン。オールドニューヨークをイメージして、モノトーンを基調にデザインされた店では、ボリュームたっぷりのハンバーガーやサンドイッチをはじめ、多国籍な調理法を取り入れたモダンアメリカンな料理が味わえます。

MENU

コーヒー（アメリカーノ）	480円
アボカドチーズバーガー	1,280円
自家製ベーコンのB.L.T	1,200円
チキンオーバーライス	1,100円

イタリア・フェレオ社のNutella（チョコレート風味のスプレッド）を使った「ヌテラパンケーキ」1,100円

コーヒーは東京ONIBUS COFFEEのCITY ROAST BLENDを使用。「カフェラテ」520円

住 函館市末広町18-25 大三坂ビルヂング1F
☎ 0138-85-8456
営 11:30～22:00（Lo21:30）、日曜11:30～17:00（Lo16:00）
休 月曜、第1・3木曜　席 20席
全席禁煙（店内奥に喫煙所あり）
P 8台（無料）

市電「十字街」電停より徒歩約5分

Cafe

趣ある洋館を活用したカフェ。ジャガイモの魅力を広く発信

PATATE HAKODATE

パターテ ハコダテ

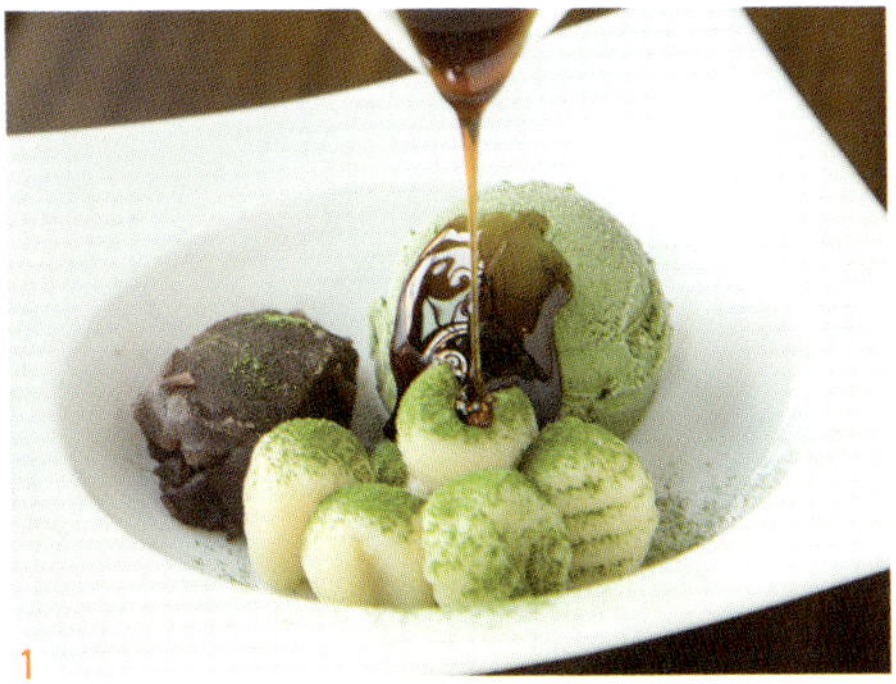

1

2

3

4

❶ニョッキのスイーツは塩味と甘味の絶妙なハーモニー❷「PATATEチーズケーキ」はお土産用にもおすすめ❸季節でも変わるジェラート。ただし、冬は提供しない場合あり❹三角屋根がキュートな洋館

MENU

ニョッキセット（サラダ・ドリンク付）	780円
ニョッキスイーツ（ドリンク付）	700円
パニーニ	700円
ジェラート各種	450円～

住 函館市元町32-5
☎ 0138-86-5164
営 11:00～16:30（Lo16:00）
休 不定休
席 20席　全席禁煙
P 6台（無料）

市電「末広町」電停より
徒歩約3分

ボロネーゼなど、ソースは4種から選べる揚げニョッキ

ニョッキやソースは贈答用も用意しているので、家庭でも味わえる

パニーニは単品700円、ドリンクセットは980円

八幡坂と日和坂に挟まれた位置に建つ洋館「旧岡本邸」。同店は昭和２年に建てられたこの建造物を活用し、２０１７年４月にオープンしました。店名のパターテはイタリア語で「イモ類」を意味し、その名の通り「ジャガイモのおいしさ」を広めようと、北海道産の「きたあかり」を使用したショートパスタのニョッキが看板メニューです。

　オリーブオイルで揚げた「揚げニョッキ」は外はサクサク、中はモッチリとした食感で、お子様から年配まで幅広く親しめる味わい。店内では、非日常的な時間がゆっくりと流れます。

Cafe & Goods

茶房 旧茶屋亭

さぼう きゅうちゃやてい

アンティークな調度品に囲まれて
お点前の一服と甘味をいただく
明治末期建造の和風カフェ

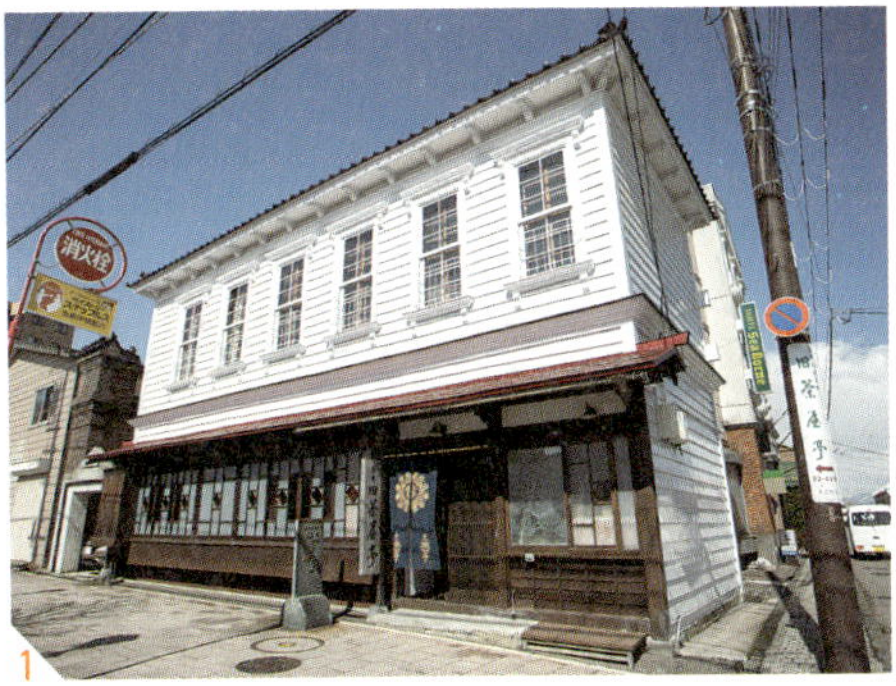
1

2

3

4

❶明治末期に建てられた海産商問屋を再利用❷・❸透かし彫りの欄間とモダンな壁紙が調和した2階フロアでは、手芸品や手づくりのアクセサリーを展示販売している❹扉を開けると目に飛び込む色鮮やかなステンドガラス

MENU

フルーツあんみつセット（飲物、一口シャーベット付）　1,250円
お抹茶お点前お遊びセット（本日のお菓子、一口シャーベット付）　1,300円

甘味のセットは抹茶、珈琲などお供の飲物付

「フルーツあんみつ」単品965円

セットメニューは季節の一口シャーベット付き

住 函館市末広町14-29
☎ 0138-22-4418
営 11:30～17:00、土・日曜、7～9月11:00～17:00
休 木曜
席 28席　分煙（混雑時は全席禁煙）
P 4台（無料）

市電「十字街」電停より
徒歩約2分

二十間坂通り沿いに立つ和風カフェは、明治末期に建造された和洋折衷の建築物を再利用したもの。建物は隣接する防火用のレンガ塀とともに函館の伝統的建造物に指定されています。店内にはオーナーがセレクトしたアンティークの調度品が並び、洋風文化を取り入れた明治から大正時代を彷彿させます。

お客様の手で抹茶を点てる体験型の「お抹茶お点前お遊びセット」をはじめ、お汁粉やフルーツあんみつなどの和風スイーツが味わえます。2階ではアクセサリーやレース編み、布小物などの手作り雑貨を展示販売しています。

Cafe & Goods

大火に耐え抜いて港町函館の繁栄を今に伝えるふたつの蔵

茶房 ひし伊 & 古きものなどなど

さぼう ひしい アンド こきものなどなど

❶蔵をつなぐ入口を挟んで左がカフェ、右がアンティークショップ❷カフェの2階にある和風のロフト席❸「古きものなどなど」には大正から昭和の懐かしい雑貨が並ぶ❹大切に使われてきた着物や帯などがお手頃価格で購入できる

MENU

珈琲	540円
ひし伊パフェ	810円
白玉抹茶クリームあんみつ	750円
トーストセット	810円

フルーツとあんに生クリームとアイスをのせた人気の「ワッフル」単品600円

珈琲、または紅茶付きのワッフルセットは920円

住 函館市宝来町9-4
☎ 0138-27-3300
営 11:00～18:00(Lo17:30)
休 なし
席 46席　全席禁煙
P 8台(無料)

市電「宝来町」電停より徒歩約2分

かつて石川啄木の妻、節子が利用したという入村質店の蔵は1921（大正10）年の建造。市街地に膨大な被害をもたらした1934（昭和9）年の函館大火で、鉄筋コンクリート造りの母屋とともに難を逃れた土蔵造りと石造りのふたつの蔵は、和風カフェとアンティークショップに装いを変えて今も健在です。

カフェの1階はアンティークな家具を配置した洋風の設えで、階段を上った先に和風のロフト席が用意されています。併設の土蔵内はレトロな着物や帯、和小物を扱い、質屋時代の面影が残されています。

Goods

和雑貨 いろは

わざっか いろは

函館を代表する和洋折衷の建物は
訪れるたびにお気に入りを発見
心が踊る雑貨のワンダーランド

1

2

3

4

❶和食器からガラス食器まで、多種多様な食器が揃う❷伝統工芸品の曲げわっぱのせいろ❸竹を細工した昔ながらのざるやかごも人気❹奈良県特産の蚊帳生地を使ったタオルは、吸水性がよく乾きやすいのが特徴

かわいい動物が描かれた藍色絵付けの和食器

野菜などの食材や和菓子を模した陶器の箸置き

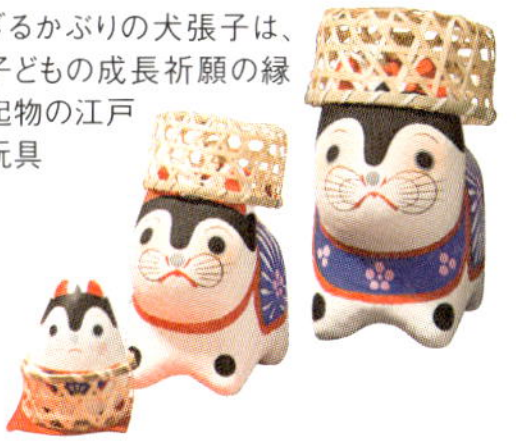

ざるかぶりの犬張子は、子どもの成長祈願の縁起物の江戸玩具

海産物問屋の店舗として明治末期の1908年に建造された和洋折衷の建物。卯建《うだつ》と呼ばれる防火壁が、函館の当時の繁栄を物語っています。和風建築の1階部分を利用した店内には、日本の暮らしをテーマに集めた雑貨が所狭しと並び、訪れるたびに心が踊ります。

曲げわっぱや竹細工などの伝統工芸品や現代的なデザインが施された藍色絵付けの和食器、木製のカトラリーやカラフルな絵柄の手ぬぐい、扇子、ぽち袋などの和雑貨をはじめ、かわいい動物がモチーフの洋雑貨や玩具などのバリエーションも豊富です。

住 函館市末広町14-2
☎ 0138-27-7600
営 10:00〜18:30
休 なし（1月〜GW前までは月曜、祝日の場合は営業、翌火曜休み）
P 5台（共有・無料）

市電「末広町」電停より
徒歩約3分

Cafe

仕事帰りの買物やディナーにも便利
多彩なメニューが揃うフレンチカフェ

Cafe & Deli MARUSEN

カフェ アンド デリ マルセン

1

2

3

4

❶開港通り沿いのニチロビルは1932（昭和7）年建造❷リノベーションで当時の面影がよみがえったビル1階のカフェ❸ランチやディナーにぴったりなデリを多数揃えている❹ディナーにおすすめ「チーズとハムのガレット」1,050円（税別）

戦前、北洋漁業で隆盛を極め、函館の産業と経済を支えた日魯漁業（現マルハニチロホールディングス）が、昭和初期に建てたビルの1階にあるレトロな雰囲気のフレンチカフェ。プレートランチからフォー、ガレット、肉料理まで、多彩なメニューがお楽しみいただけます。

このたび拡充となったデリコーナーでは、旧棒二森屋地下1階のデリショップメニューの提供を開始。日替りサンドイッチやランチボックスをはじめ、定番のローストビーフやグリルチキンなどの洋惣菜、春巻き、サラダなどを販売。仕事帰りにも気軽に利用できます。

チェリーたっぷり「季節のパフェ」850円（税別）

食後にどうぞ。「本日のデザート」600円（税別）

ランチのおすすめ「明太子のクリームフォー」ドリンク付き1,150円（税別）

MENU

ランチプレート（ドリンク付）
1,100円～（税別）
パンケーキ&フレンチトースト
800円（税別）
本日のおまかせデリ5種盛り合わせ
（1人前）　960円（税別）

住 函館市大手町5-10 ニチロビル1F
☎ 0138-85-8545
営 11:00～22:00（Lo21:00）
※15:00～18:00はドリンク&デザートのみ
休 火曜　席 70席
全席禁煙　P 7台（無料）

市電「市役所前」電停より
徒歩約5分

Cafe

ROMANTiCO ROMANTiCA

ロマンティコ ロマンティカ

魅力的なオリジナルメニューいっぱいの
心ときめくポップアートのような店内

1

2

3

❶キュートなアイシングクッキーはお土産にもぴったり❷ドリンクと一緒にオリジナルクッキーはいかが。2ピース100円でテイクアウトも可❸カフェのある建物は大正初期に建てられた旧堤商会（日魯漁業の前身）を復元したもの

MENU

エスプレッソ	400円
スムージー	630円
ロマロマキッシュ	450円～
ランチ	1,100円～

数種類のデザートを組み合わせた「パフェカドー」800円

「生チョコタルト」450円。ドリンクとのセットは100円引

住 函館市弁天町15-12 1F
☎ 0138-23-6266
営 11:00～23:00
休 火曜
席 26席　喫煙可
P 6台（無料・共有使用）

市電「大町」電停より
徒歩約3分

1916（大正5）年に建てられた洋館1階のドアを開けると、まるでポップアートのようなカラフルな店内が目に飛び込んできます。地元の女性から圧倒的に支持されているこのカフェにとって、歴史を感じさせる外観とのギャップも魅力のひとつ。誰もが足を踏み入れただけで、わくわくしてしまうお店です。

バラエティー豊かなメニューは、ドリンクだけでも50種類以上。オリジナルのケーキやパフェ、20種類ものクッキー、さらにキッシュやパスタ、ピッツァなど充実したフードメニューは、家族連れや男性客にも喜ばれています。

Cafe

店名はフランス語で「100年以上」の意。歴史を紡ぐカフェで優雅なひとときを

大手町ハウス函館 Café Cente Naire

おおてまちハウスはこだて カフェ ソンテネール

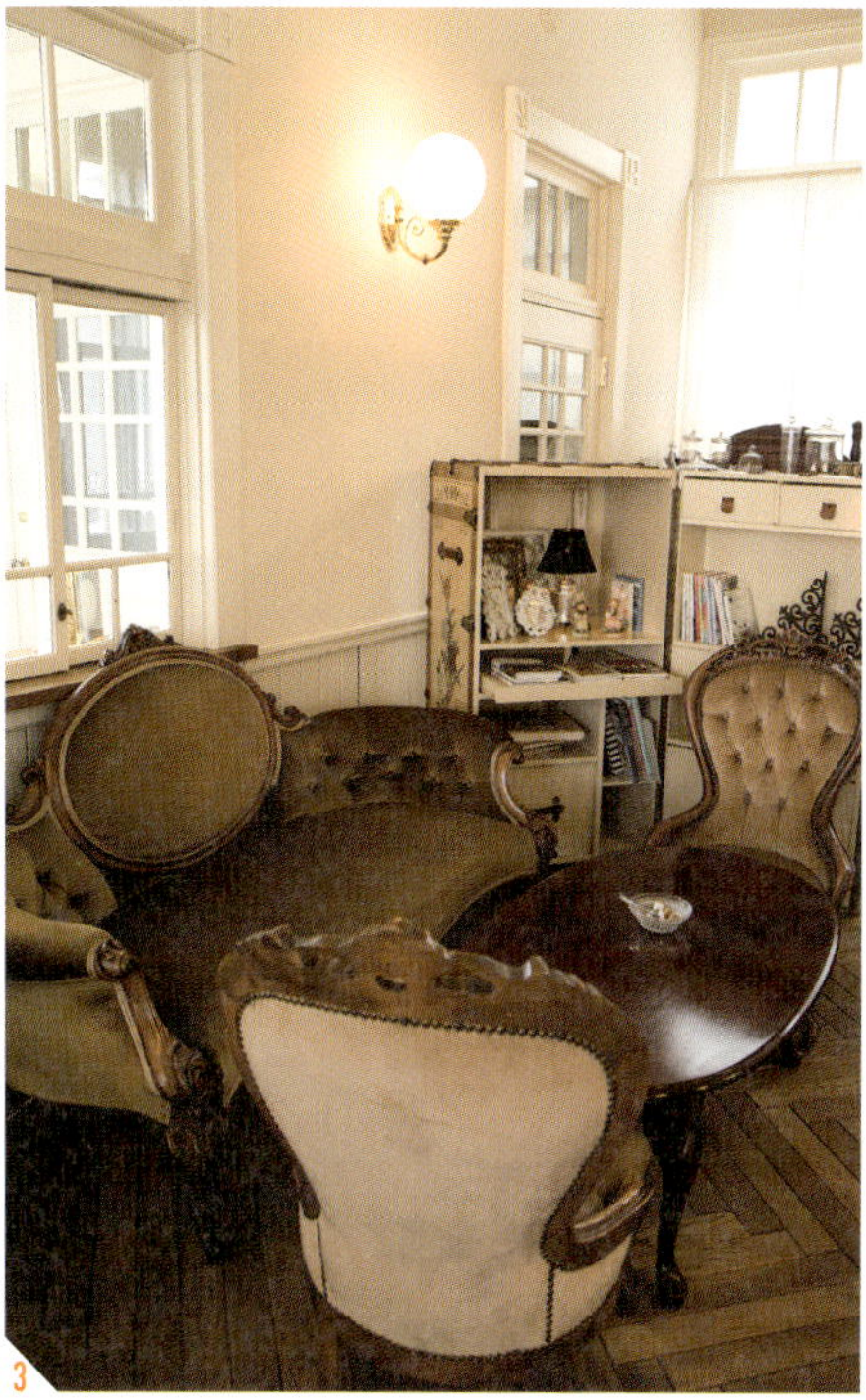

❶復元された建物は2005年に国の登録有形文化財に指定された❷建物に似合うように設計された豪華な化粧室は必見❸アンティークの家具が建物の重厚さを際立たせる。飾り棚として使っているのは船旅用のワードローブトランク

MENU

コーヒー	500円～
紅茶	500円～
パフェ	680円
ホットサンドセット	800円

フルーツたっぷりのクリームブリュレの「ケーキセット」800円

建物の復元に関する資料や写真も展示している

住 函館市大手町5-1
☎ 0138-83-1331
営 4～11月10:30～18:00（Lo17:30）
12～3月11:00～17:00（Lo16:30）
休 火曜（4～11月）、月・火曜（12～3月）
席 26席　全席禁煙
P なし

市電「市役所前」電停より徒歩約4分

ルネッサンススタイルに優美な装飾を施し、函館に現存する洋館の中でも群を抜く美しい建物は1918（大正7）年建造。原形が分かる1枚の写真を基に2004年に復元されました。オーナーの阿部基子さんが1階部分でカフェ「テュ・プラント・デュ・テ」を営んでいましたが育児のため一時休業。2017年、建物の歴史が百年を迎える前年に新たな店名でカフェを再開しました。

高い天井とアンティークな家具や調度品が建物の優美さを引き立てます。上品かつ繊細なスイーツとともに優雅なひとときをお過ごしください。

Cafe

ティーショップ夕日

ティーショップゆうひ

港を行き交う船を眺めながら
四季折々の和菓子とともに
香り豊かな銘茶の奥深さを知る

❶赤い屋根とピンク色の外壁が特徴の洋館は1885（明治18）年建造の函館検疫所❷アンティークな家具や調度品が置かれた建物中央のテーブル席❸季節の和菓子やおかきとともに極上の日本茶をじっくりと味わいたい

MENU

煎茶	600円
玉露	1,000円
抹茶	1,000円

※各お菓子付

四季折々を表現した和菓子とともにいただく抹茶

茶香炉から漂う上品なお茶の香りが店内を満たす

住 函館市船見町25-18
☎ 0138-85-8824
営 10:00～日没まで
休 木曜、第2・4水曜（12月初旬～3月中旬は冬期休業）
席 20席　全席禁煙
P 8台（無料）

函館バス「船見町」停より徒歩約3分

函館湾を見下ろす函館山山麓の高台に立つ洋館は、１８８５（明治18）年に建てられた旧函館検疫所の施設。建物を修復し、眺めのいいカフェとして再利用されていましたが、現在は、ここからの眺望に魅せられた千葉在住のご夫婦が引き継ぎ、２０１４年から日本茶専門のカフェを営んでいます。

海側には洋風建築特有の大きな窓が設けられ、湾内を行き交う漁船や大型船を見ているだけでゆったりとした気分に…。2杯目からはポットのお湯を使っていれる日本茶の奥深さもまた格別で、極上のひとときを過ごすことができます。

ちょっと寄り道してみませんか

歴史的建造物内のカフェ

旧丸井今井百貨店

1923（大正12）年建造の丸井今井百貨店函館支店は、当時、繁栄を極めた函館の中心街にありました。百貨店の移転後、函館市末広分庁舎として使われていましたが、2007年に大改修を行い、現在は地域の交流施設として活用されています。館内には1930（昭和5）年に設置された東北以北最古のエレベーターが残されています。

cafe Drip Drop（カフェ ドリップ ドロップ）

住 函館市末広町4-19 函館市地域交流まちづくりセンター1F
☎ 0138-22-9700
営 10:00〜18:00
休 水曜、施設休館日
席 20席（全席フリースペース）
P 30台（2時間無料）

函館市民や観光客の憩いの場として開放されている通称「まちづくりセンター」内のカフェ。公共施設のカフェではめずらしいハンドピックの自家焙煎コーヒーが味わえる。

旧相馬邸

北海道屈指の豪商として知られる相馬哲平は、公共事業への寄付や旧函館区公会堂の建築に私財を投じるなど、函館の発展のために多くの業績を残しました。旧イギリス領事館を見下ろす基坂上の私邸は1908（明治41）年の建造で、2010年より一般公開されています。細部まで贅を尽くした主屋と土蔵は、2018年に国の重要文化財に指定されました。

カフェ元町

住 函館市元町33-2
☎ 0138-26-1560（カフェは要予約）
営 9:30〜17:00（旧相馬邸）
休 木曜、12〜3月は冬期休業
料 入館料800円（一般）
P 隣接の有料駐車場利用（入館者1時間無料）

五代目相馬哲平夫妻の住居エリアに設けたカフェ。ドイツの名窯マイセンのカップで香り高いコーヒーを提供。阿さ利のすき焼き弁当がセットのプランもある。いずれも要予約。

Choosy

こだわり

カフェ＆雑貨店

趣味や個性を突き詰めて
完成した自分らしい空間が
あなたの琴線に触れるかもしれない

Cafe

時代を継いできた骨董に囲まれて
その歴史と物語に耳を傾ける

Old Miss 菊

オールド ミス きく

❶二十間坂を上りきる少し手前の小路に掲げられた、おたふくのイラストが目印の案内旗❷鮮やかな青色に郷愁を感じさせる琺瑯（ほうろう）の薬缶（やかん）❸令和の時代も時を刻み続ける年代物の柱時計

MENU

珈琲（おやつ付）	540円
田舎志るこ	540円
あんみつ姫	850円
ちび志るこ&珈琲（黒豆白玉）	900円

おしることアイス
コーヒーを組み合わせたオリジナルメニュー「しゃんかふぇ」750円

絵本作家こがめいづるさんが描いた「はこだて絵日記」を手に、西部地区の街並や古き良き建物に思いを巡らせる

住 函館市元町24-7
☎ 0138-26-7075
営 11:30〜17:00
休 木曜、臨時休業日あり
席 17席　全席禁煙
P なし

市電「末広町」電停より
徒歩約7分

函館の街並が一望の二十間坂をゆっくりと上ってたどり着くのは、まるで昭和初期にタイムスリップしたような趣のある和風カフェ。函館の歴史と街並に詳しい店主の広瀬菊枝さんが、各地の骨董市で見つけた年代物の家具や解体される古民家から譲り受けた時計や建具、繊細な表情に惚れ込んだ手作り人形など、それぞれにまつわる物語に時が経つのも忘れて聞き入ってしまいます。

甘さ控えめの「しゃんかふぇ」は、男性客からのリクエストで誕生したメニューで、道産小豆を使った手作りのおしるこやあんみつもおすすめです。

Goods

1107物語

いいおんなものがたり

好きな人だけにそっと教えたい
隠れ家のような店に所狭しと並ぶ
思い出が詰まったレトロ雑貨たち

❶世界各国の使用済み切手。貴重な切手がまぎれているかも❷・❸慈しむように丁寧に磨かれたポップな色彩の花柄グラスや形が上品なカップ&ソーサー❹かわいい編みぐるみは阿部さんの手作り作品

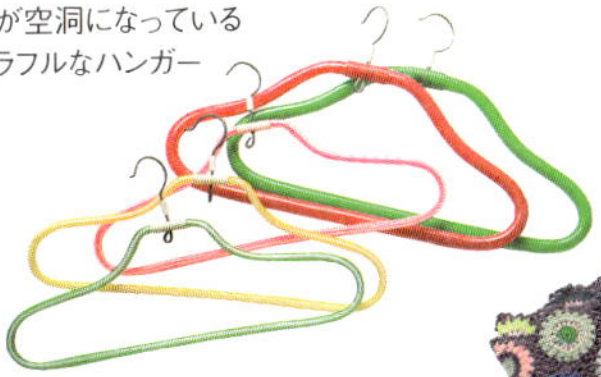

中が空洞になっている
カラフルなハンガー

阿部さんが手編みの
モチーフをつなげて
作ったひざ掛け

昭和レトロな
プラスチック製のポットとアイスペール

住 函館市元町17-13
☎ なし
営 10:00〜17:00
休 水曜
P なし

市電「十字街」電停より
徒歩約8分

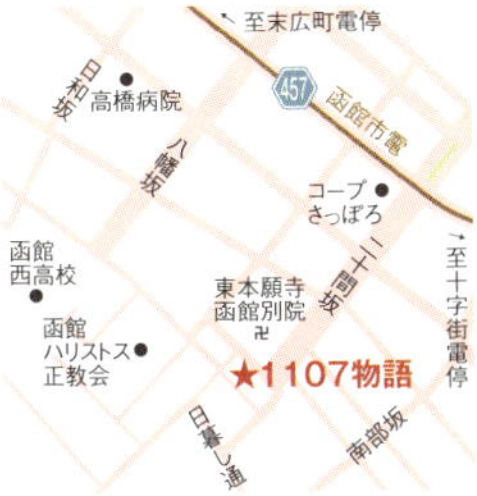

教会が立ち並ぶ元町の石畳の通りから、和洋折衷の建物の間を抜けた先にある個性的なアンティークショップ。店内を埋め尽くすのは、昭和時代が思い出されるレトロな雑貨たちです。本当に好きな人だけに訪れて欲しいと店主の阿部さんが、あえて入りにくい構造の建物を選びました。

かつてどこの家にもあった花柄のグラスやカップ&ソーサー、プラスチック製の生活用品など、見ているだけで幼い頃の思い出がよみがえります。じっくり探せば貴重なおもちゃや非売品のグッズなど、掘り出し物に出合えるかもしれません。

Cafe & Goods

ロシア&東欧雑貨 チャイカ

ロシアアンドとうおうざっか チャイカ

元町の風景に調和した瀟洒な建物の1階
古くから函館との関わりが深い
ロシアの女帝が愛した陶器を直輸入

❶インペリアル・ポーセレンはロシアの女帝エリザヴェータの命によって創設された陶器工房❷ロシア・アルハンゲリスクの伝統的な刺繍が施された布製品❸紅茶とお菓子、ロシア風ジャムを添えた「ロシアンティーセット」800円

民族模様をあしらったインペリアル・ポーセレンの茶器

MENU

紅茶	600円
お茶とジャムのセット	650円
アイスティー	600円
クランベリーアイスクリーム	400円

夏におすすめ「クランベリーのモルス」500円

ロシアの紅茶を各種取り揃え。精密に描かれた缶のデザインにも注目

住 函館市元町7-7
☎ 0138-87-2098
営 10:00～17:00
休 火曜
席 7席　全席禁煙
P 2台（無料）

市電「末広町」電停より
徒歩約5分

港が丘通り沿いに立つ瀟洒な建物は、歴史的建造物が立ち並ぶ元町の風景に調和したデザインが特長。1階の店舗は、古くから函館との関わりが深いロシアの名陶「インペリアル・ポーセレン」を輸入販売する店として2014年にオープンしました。

店内には「皇帝の陶器」として受け継がれてきた高度な技術や繊細な絵付けのティーセットや食器が並びます。また、人気のマトリョーシカをはじめとする伝統的な技法の手工芸品とロシアや東欧の紅茶なども販売。ロシアンスタイルで紅茶をいただくカフェスペースも併設しています。

Cafe

Green Gables

グリーン ゲイブルズ

40年前のオープン当初から
「赤毛のアン」の世界を求めて
全国から訪れる女性たちを魅了

❶函館出身のミュージシャンYUKIのメモリアルコーナーを目当てに全国から多くのファンが訪れている❷初夏には大切に育てたバラが花開き、窓の外を埋め尽くす❸絵本や写真集など「赤毛のアン」に関する資料がいっぱい

MENU

オリジナルコーヒー	550円
紅茶（ポットサービス）	650円
パフェセット	900円
ゲイブルズサンドとサラダセット	1,200円

フルーツを添えた「シフォンケーキセット（ドリンク付）」900円

セットメニューは、コーヒー、紅茶、ジュースのドリンク付き

住 函館市末広町20-3
☎ 0138-26-7644
営 11:00～17:00（冬期は日没まで）
休 月曜（不定休あり）
席 50席　全席禁煙
P 3台（無料）

市電「末広町」電停より
徒歩約2分

店がオープンした1980（昭和55）年頃の西部地区は、飲食店がほとんどなく、今よりどこか落ち着いた雰囲気がありました。そんな時代に誕生したグリーンゲイブルズ＝緑色の切妻屋根のカフェは、「赤毛のアン」に憧れる女性たちを魅了。学生時代に通いつめた地元出身のＹＵＫＩもそのひとりで、やがて全国から観光を兼ねて訪れる人が一気に増えました。

お店の自慢は、早朝から焼き上げた手作りパンやケーキ。ふんわりしっとりのシフォンケーキや野菜たっぷりのゲイブルズサンドを食べれば、誰もが幸せな気分に満たされます。

Goods

熟練した職人による日本製の雑貨
Many製品を道南で唯一扱う専門店

Queensbury House

クイーンズベリーハウス

❶アンティーク調に加工されたグランシュマンのグッズやコレクションボックス❷和食にも洋食にも合うアベゼシリーズの食器❸シンプルで大人の雰囲気が漂うポルトガルのティーグッズ❹ツートンローズは和食器を思わせる色使いと風合いが楽しめる

セゾン・ド・ローズのカップ＆ソーサー2,484円

ロココシリーズのラウンドプレートクロック5,184円

ココヤシの繊維を素材にした玄関用のコイヤーマット（スリム）1,944円

住 函館市東雲町5-11 寺井ビル2F
☎ 0138-26-5323
営 11:00〜17:00
休 月曜、第3日曜
P 2台（無料）

市電「市役所前」電停より徒歩約5分

日本で作られる上質な食器や雑貨のブランド、Ｍａｎｙの商品を扱う道南唯一の雑貨店。ロコや子ども向けのプチメゾンなどのシリーズがあり、中でもステンシルタッチのローズシリーズは根強い人気を誇ります。キッチン用品をローズに統一しているファンもいて、遠方から店まで足を運ぶお客様も少なくありません。

オーナーの泉美佳さんのおすすめは、和食器のような渋めの色合いと釉薬による微妙な風合いが特長のアベゼやツートンローズのシリーズ。ひとつ一つ手に取って、丁寧な仕上げや触り心地をぜひお確かめください。

Cafe & Goods

ANTIQUITÉS

アンティキテ

夏は緑に覆われた桜が丘通りへ
お気に入りの雑貨を探しながら
テラスで過ごすカフェタイム

1

2

3

❶北海道では唯一の取り扱い。VANILLA BLANCのリードディフューザー❷インドの民芸品として伝わる水牛の角を加工した写真立て❸商品探しの途中、店内に設けられたカフェスペースでひと息

桜並木のある桜が丘通り沿い、株式会社ビアスワークスの社屋に併設し、アンティークの輸入品やインテリア雑貨を販売しています。上質なテーブルや椅子、キャビネットなどの家具をはじめ、シェードやシャンデリア、フロアランプなど個性豊かな商品が揃い、新居やお家のイメージを変えたいという方にぴったり。家具の取っ手やコンセントカバー、ナチュラルテイストのガーデニンググッズも人気です。

店内のカフェスペースでは、コーヒーや季節のドリンクなど20種ほどが楽しめます。夏は緑がまぶしいテラス席もおすすめです。

ふわふわのラテがたっぷり「キャラメルラテ」500円

柚子の香りとシュワッとしたソーダが爽快「柚子ソーダ」500円

クローゼットや玄関に置いて香りを楽しむサシェ（2個セット1,080円）

MENU

ブレンドコーヒー	400円
カプチーノ	450円
アイスコーヒー	400円
マンゴージュース	500円

住 函館市柏木町1-12
株式会社ビアスワークス 1F
☎ 0138-35-7272
営 11:00～19:00　休 火・水曜
席 4席、テラス2席（冬期間を除く）
🚭 店内禁煙（テラスは喫煙可）
P 5台（無料）

市電「柏木町」電停より
徒歩約5分

Cafe

OLD NEW CAFE

オールド ニュー カフェ

この街の風景に溶け込み
いつまでもここにあり続ける
信頼を置くバリスタのいるカフェ

1

2

3

❶モノトーンの店内にドイツの照明デザイナー、インゴ・マウラーのカンパリライトが灯る❷空間を贅沢に使って配置されたテーブル席❸バリスタいわく、カフェとは止まり木のようなもの。ここは次に飛び立つ前の「句読点」

MENU

コーヒー	500円
エスプレッソ	500円
PM3:00からのデザートセット	980円
本日のランチセット	1,300円～

旬のフルーツたっぷり
「季節のパフェ」1,000円

本日のデザートから。「ケーキセット」
コーヒーor紅茶付880円

心がほぐれる「カプチーノ」600円

住 函館市本町32-6
☎ 0138-55-2005
営 11:00～21:00、日曜、祝日は19:00まで
休 月曜
席 フロア11席、テラス3席、個室8席
喫煙可（店内14:00まで禁煙）
P なし

市電「五稜郭公園前」電停より徒歩約1分

繁華街の市電通り沿いに、テラス席のあるカフェがオープンしたのは2000年のこと。それから足かけ20年。街並もずいぶんと様変わりしましたが、何も変わらずあり続けていること、それがこのカフェの一番の魅力です。

店を営むのはバリスタでフードプロデューサーの亀山尚之さんとパートナーのメグさん。ヴィンテージの直火式焙煎機でローストしたコーヒー豆から抽出するエスプレッソやカプチーノ、地元の食材を使ったパスタ、手作りのデザートなど、心も体もリフレッシュできる本場に負けないカフェがここにあります。

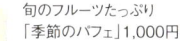

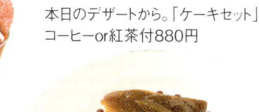

Cafe & Goods

MOJAN Zakka

モジャン ざっか

オリジナルデザインのお財布や
手作りのボタニカルキャンドルなど
直輸入した1点物の雑貨にくぎ付け

1

2

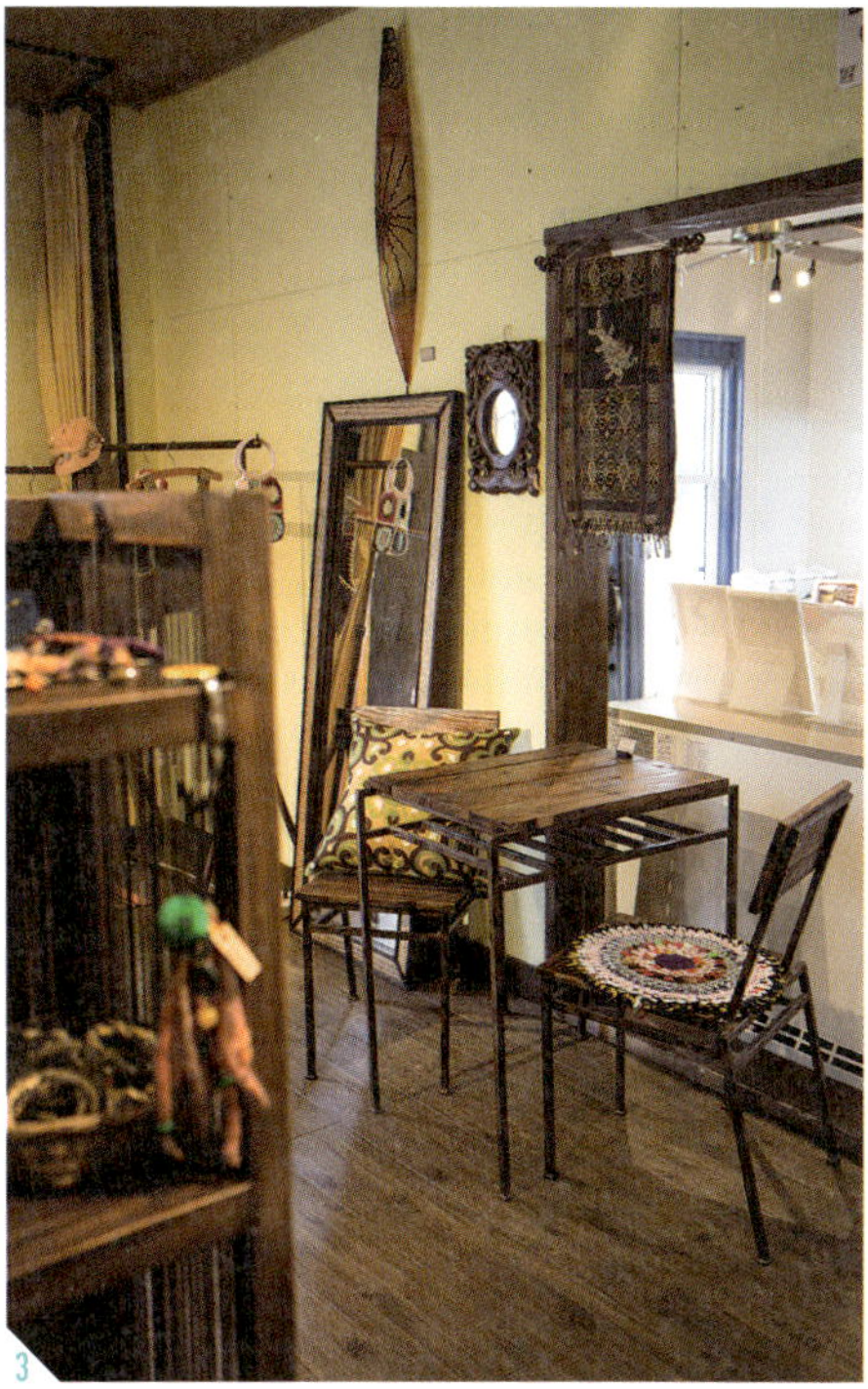

3

❶イタリアのソウルフードにヒントを得た「ポケットピザ」。マルゲリータ、エビチリ、カレーなど中身もいろいろ❷ハンドメイドのアクセサリーも多数販売❸バンブーや木材を使ったインテリアは日本の家屋にもよく似合う

MENU

ポケットピザ各種	380円～500円
コーヒー	200円
コーラ	150円

クッションカバー
（タイ製）3,500円

独特な模様や色の「トロヤン陶器」は
ブルガリアの代表的な陶器

住 函館市五稜郭町3-16
☎ 0138-52-2504
営 11:00～18:00
休 木曜、第1水曜
席 4席　全席禁煙
P 3台（無料）

市電「五稜郭公園前」電停より
徒歩約7分

アジア圏を中心にオーナーが現地に赴き直接買い付けたインテリアや生活雑貨を販売。刺繍を施した一点物のタイのクッションカバーやモン族に古くから伝わる手刺繍の生地と革を組み合わせたオリジナルデザインの財布が人気です。また、ブルガリアのトロヤン地方に伝わる陶器やアメリカのコロラド州デンバーに誕生したボタニカルキャンドルなど、クオリティの高い商品にも注目です。

2017年に併設オープンした「ポケットピザ 函館本店」では、イタリア南部発祥の包み揚げピザをヒントに生まれたポケットピザが味わえます。

Cafe

大人の雰囲気と雑多で賑やかな
異なるテイストをバランスよく融合

CAFE PARI,SIA

カフェ パリジア

1

2

3

❶カフェがあるのは高砂通り沿いに立つ白い建物の1階
❷クッキーやスコーンなど焼き菓子はテイクアウトも可能
❸ゆったりと配置されたテーブルとカウンターを合わせて9席。シンプルで落ち着いた雰囲気の大人のカフェ

MENU

珈琲（パリジアブレンド）　500円
ブルーベリーと季節のデザート　500円〜
季節のスープとスコーン、パン、ミニサラダのプレート　1,000円

グラスの底のコンデンスミルクを混ぜ合わせて飲む「ベトナムコーヒー（アイス）」600円

「キャラメルマーブルチーズケーキ」550円

店名は大人の雰囲気漂うパリと、雑多で賑やかなアジアのイメージを合わせた造語。函館のカフェで腕を磨いた店主が２０１６年にオープンさせました。白い壁と木の温もりがやさしいテーブル、板材を再利用したカウンターの洗練されたデザインも印象的です。

こだわりのコーヒーは、札幌の自家焙煎専門店に発注したオリジナルブレンド。季節の食材で作るスープと自家製のスコーンやパンのプレートは、時間を問わず楽しめます。ひと息つきたい午後に、手作りの焼き菓子とともにちょっと贅沢なカフェタイムを過ごしてみませんか。

住 函館市梁川町7-1
☎ 090-9510-6067
営 10:00〜18:00（Lo17:30）
休 水・木曜
席 9席　全席禁煙
P 1台（無料）

函館バス「函館税務署入口」停より徒歩約1分

Cafe

えほんカフェ ひっぽ

えほんカフェ ひっぽ

かわいいカバと絵本がいっぱい
育児中の家族もゆったり過ごせる
温もりのある手作りカフェ

❶最初に出合った素焼きのカバが、カフェオープンのきっかけとなった❷たっぷりのシーフードにトマトソースを使った「ペスカトーレ」900円❸夏はテラス席がおすすめ。庭に設けた「STUDIOひっぽ」では、手作り家具の制作も行っている

MENU

珈琲	420円～
ひっぽパスタ（サラダ・デザート付）	700円
ソフトクリーム	280円
ひっぽパフェ	600円

住 函館市神山3丁目64-2
☎ 0138-87-2691
営 11:00～18:00
休 火・水曜
席 12席　分煙（テラス席のみ喫煙可）
P 4台（無料）

函館バス「神山2丁目」停より
徒歩約5分

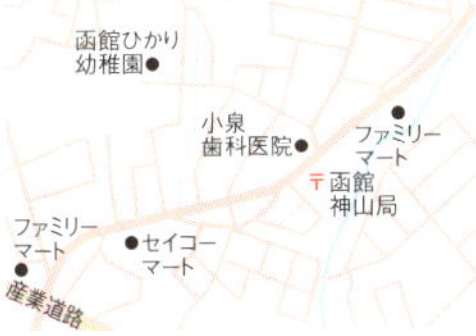

「ひっぽ」とはカバ（英名ヒポポタムス）のこと。絵本「ちいさなヒッポ」や谷川俊太郎の「考えるミスター・ヒポポタムス」が由来です。店主の「ひげさん」こと中川裕司さんは小学校教諭を早期退職し、妻の純代さんとともに函館に移住。2017年に念願の絵本カフェを始めました。

店内には趣味で集めたカバの置物が数十体。絵本の読み聞かせ（毎週金曜16時）にやってくる子どもたちにも人気です。メニューは中川さんが腕を振るう地元食材を使ったパスタなどを週替わりで、純代さん担当のソフトクリームを添えた日替りデザートも絶品です。

「珈琲ゼリー」
450円

食事やデザートにドリンクをセットすると150円引き

お皿にもカバのイラストが。自家製「抹茶のパウンドケーキ」300円

Goods

雑貨屋 pente

ざっかや ペンテ

輸入品から国産品まで幅広く
実用性にも優れたかわいい雑貨たち

❶丈夫ながらも1,000円前後の手頃感がうれしい日本製の靴下❷レターケースの中にはさまざまな文房具が入っている❸ハンドクリームやボディクリーム、リップバームなどは自分用のほかギフトにも最適

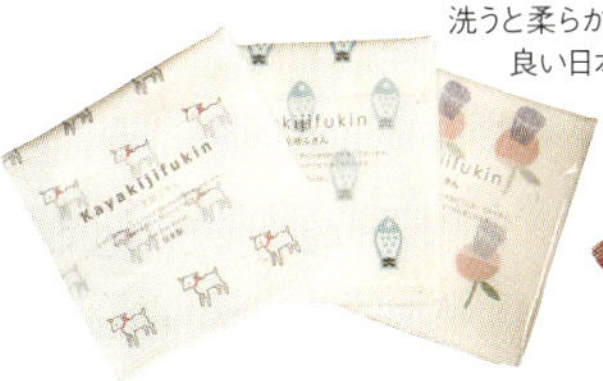

洗うと柔らかくなり、使い心地の良い日本製のカヤフキン

カレルチャペックの選べるティーバッグは1コ140円

住 函館市桔梗2丁目12-5
☎ 0138-86-6500
営 11:00〜17:00
休 木・日曜
P 3台（無料）

フィンランドのメーカーが製造しているゾウの貯金箱はカラーも豊富

桔梗地区の閑静な住宅街の一角に佇む雑貨屋さんは、一戸建の1階を店舗として2014年にオープンしました。店内には、店主の寺澤さんが使って良いと感じたものや好きな商品を中心に、生活雑貨やインテリアグッズ、文房具、地元の作家さん手作りのアクセサリーなどが揃います。

パッケージのイラストが目を引くカレルチャペックの紅茶シリーズは大人気。育児中のママさんにはスタイ（よだれかけ）も好評です。また、同店が直輸入するアメリカのメーカーのミニカーは、お子さんよりマニアに喜ばれています。

JR「五稜郭」駅より
車で約10分

Cafe

tete cafe

テテ カフェ

「食」と「住」をテーマにした
新函館北斗駅前の複合施設1階
家族で楽しめる開放的なカフェ

1

3

2

❶新函館北斗駅前に立つ複合施設「tete hokuto」。1階はカフェとレストラン、2階は高級感のある住宅ショールーム❷テイクアウトのジェラートは季節限定を含め10種類以上❸絵本や雑誌を読みながら、のんびり過ごせる居心地の良いカフェ

MENU

コーヒー		500円
ガレット※11:30～14:00		1,200円
テテソフト		400円
ジェラート	ダブル	450円
	シングル	400円
	キッズ	250円

ハンドドリップの「アイスコーヒー」600円

カフェで人気No.1の「いちごパフェ」850円

住 北斗市市渡1丁目7-5 tete hokuto1F
☎ 0138-77-0606
営 11:00～17:00
休 火曜
席 24席　全席禁煙
P 30台（無料）

JR「新函館北斗」駅より
徒歩約3分

2017年6月、北海道新幹線・新函館北斗駅の南口近くにオープンした複合施設1階のカフェ。家族連れでも気軽に利用できる開放的な雰囲気のお店です。ボリューミーな「いちごパフェ」をはじめ、地元の食材や北海道牛乳を使ったオリジナルのスイーツやガレット、ワッフルなどが人気。同じフロアのフレンチレストラン「climat（クリマ）」の関川裕哉シェフが監修しています。

天気の良い日は建物の前のテラスに座って、ハンドドリップで淹れるオリジナルブレンドのコーヒーやジェラートをテイクアウトでも楽しめます。

Cafe

ロココ調の店内でゆったりと過ごす
自家焙煎珈琲の草分け的存在のカフェ

夏井珈琲 Brücke

なついコーヒー ブリュッケ

❶先代を引き継いで息子の夏井俊介さんが焙煎を担当❷レジ奥の棚に並ぶさまざまなデザインのコーヒーカップに店の歴史を感じる❸・❹お好みの席を見つけたら、画集や絵本、雑誌などを手に自分だけの時間を過ごしたい

亀田川のほとりに立つ緑の三角屋根が特徴のカフェ。初夏から夏にかけて何種類ものバラが建物全体を覆うように咲き誇ります。ロココ調に装飾された店内には、さまざまなイスやテーブルが配置され、お気に入りの席を見つけたら、窓の景色を楽しみながらゆったりとした時間を過ごしましょう。

函館の自家焙煎珈琲の草分け的存在として知られ、コーヒー豆を買い求めるお客様も多く訪れます。「ランチセット」をはじめ、キッシュやパスタなどフードメニューも豊富。なめらかな生クリームを使ったパフェも不動の人気です。

MENU

ブレンド珈琲	540円～
プレミアム珈琲	650円～
アンチョビのキッシュとパスタのセット	1,188円
各種パフェ	756円

「ランチセット」1,188円。オムレツ、チーズパイ、サラダ、バゲットなどに珈琲または紅茶、アイスクリーム付き(11:00～15:00)

「珈琲倶楽部」に入会すると全メニューを会員価格で提供

住 函館市五稜郭町22-5
☎ 0138-52-3782
営 11:00～21:30(Lo20:00)
休 水曜(祝日は営業)
席 28席　全席禁煙
P 7台(無料)

函館バス「田家入口」停より徒歩約3分

Goods

本を読まない人のための本屋 wonderful world!

ほんをよまないひとのためのほんや ワンダフルワールド!

手にとってもらいたい本とともに
多種多様な雑貨たちとの出合いの場

❶イニシャルで選ぶも良しのスヌーピーイニシャルマグカップ540円❷カラーも豊富なCHUMS（チャムス）のTシャツ❸おしゃれなものから機能的なものまで揃うCHUMSのグッズ

親子で揃えたい、かわいいイラストのソックス

ポップなデザインがドライブを楽しくするRAT FINKのステッカー

スーパーではなかなか見かけない国内外のお菓子も人気

住 北斗市七重浜4丁目39-1
☎ 0138-48-5201
営 12:12～23:23
休 火曜
P 4台（無料）

国道227号と大野新道の交差点近く、その店名が目に止まり、思わず足を踏み入れたくなるお店があります。本屋を名乗る以上、もちろん本は取り扱っていますが、店長の上村さんが「面白い」と思ったものを揃えるというコンセプトから、店内にはさまざまなジャンルの雑貨やアパレル商品、お菓子などが並び、見ているだけで心が躍ります。

また最近では、キャンプ雑貨にも力を入れているのだとか。ユニークな手書きのポップでも楽しませてくれる同店は、手にしたくなる本や素敵な雑貨との出合いにあふれています。

道南いさりび鉄道「七重浜」駅より徒歩で約5分

Cafe & Goods

LEAVES

リーヴズ

惜しまれて閉店したハル・ヒメの本店
ここに足を運んで、長年親しんだ
あのカフェメニューに再会

1

2

3

4

❶木製の家具のほとんどはオーナーの手作り。専門書から絵本まで棚に並ぶ本にも興味津々❷・❸手作りの焼き菓子は「ハル・ヒメ」でもおなじみ。近所の方がふらりとやってきて買い求めて行く❹中庭の「スミレヤ洋装店」は春から秋限定でオープン

大野川沿いの住宅街に店が誕生したのは2000年のこと。その2年後、函館市大手町にオープンしたカフェ「ハルジョオン・ヒメジョオン（ハル・ヒメ）」の本店として知られています。残念ながら「ハル・ヒメ」は2017年に閉店しましたが、ここに足を運べば長年親しんだあのカフェメニューが味わえます。

週替りのランチは、ボリュームのあるごはんまたはパスタのプレートで。男性客には無料の大盛りサービスが喜ばれています。その他のごはんメニュー、パスタメニューも各20種類、黒板に書かれた魅惑のデザートにも注目です。

MENU

本日のランチ（スープ、ドリンク付き）	1,080円
コーヒー	530円
パスタ	980円～

「杏仁豆腐といちごアイスのパフェ」650円

「シーフードのいためごはんイカリングの甘辛ソース」1,080円

住 北斗市本町2丁目6-21
☎ 0138-77-1636
営 11:30～23:00（フードLo21:00、ドリンク・スイーツLo22:00）、日曜のみ11:30～21:00（Lo20:00）
休 月曜（祝日の場合は翌火曜）
席 30席　喫煙可（ただしマナーを守って）　P 10台（無料）

JR「新函館北斗」駅より
車で約5分

西部地区編

市電で街めぐり

ガタゴト揺れる電車に乗って寄り道しながら街めぐり

函館の街を路面電車が走るようになったのは1913（大正2）年。百年以上の歴史を誇る函館の市電は、札幌市電とともに北海道遺産に選定されています。そんな歴史を感じながらガタゴトと揺れる電車に乗れば、車窓を流れる街の景色もいつもとはちょっと違って見えるはず。

市電沿線の以前から気になっていたお店に立ち寄ったり、次の電停まで寄り道をしながら街並を散策したりと、乗り降り自由の「1日乗車券」を使って街めぐりを楽しんでみませんか。

※市電専用1日乗車券は大人600円（車内、観光案内所などで販売）

駒ヶ岳牛乳の白いカレー
駒パフェもおすすめ！

B cafe & dining LITT（リット）

住 函館市大手町3-8
☎ 0138-76-1403
営 11:30～22:00（Lo21:00）、日曜、祝日11:30～21:00
休 月曜（祝日の場合は火曜）
席 30席　P 8台（無料）

2017年、元祖蔵カフェが店名を新たに生まれ変わった。「ハル・ヒメ」から受け継いだメニューも健在で、かつての雰囲気を残しつつ、若い店主による独自の進化を続けている。

黒蜜きなこと
白玉の和風パフェ！

A Café 駒ヶ岳牛乳

住 函館市大手町21-7
メゾンエキサイトシーガル1F
☎ 0138-76-4122
営 10:00～22:00（Lo21:00）
休 木曜
席 20席　P 1台（無料）

2018年、脂肪無均質でクリームが浮くほど濃厚な駒ヶ岳牛乳のおいしさを伝えたいと開港通り沿いにオープン。牛乳、ソフトクリーム、ドリンク全般テイクアウト可。

きんぎょの名前がついたスイーツがおすすめ！

C 甘味処・生活骨董 きんぎょ茶屋

住 函館市末広町20-18
☎ 0138-24-5500
営 10:00～18:00、10:00～17:00(11～4月)
休 水曜
席 19席　P 1台(無料)

古民家を再利用し、陶芸作品や骨董品が並ぶ店内に甘味処を併設。お汁粉をはじめ、ぜんざい、パフェ、抹茶をふんだんに使った和風スイーツなどを楽しめる。

道産素材のかわいいアイデアパンが人気！

看板メニューのチーズカレーオムライス！

D 気ままなパン屋 窯蔵(かまくら)

住 函館市谷地頭町25-18
☎ 0138-23-8330
営 9:00～18:00(パンがなくなり次第閉店)
休 木・日曜、祝日
P なし

佐々木豆腐店（宝来町）の豆乳を使った「豆乳ぼうや」や低温殺菌の濃厚牛乳使用の「上食ぱん」、曜日限定販売の「全粒粉食ぱん」など道産材料にこだわったパンが揃う。

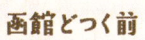

ちょっと寄り道してみませんか

手作りスイーツのお店

いどう？　はどう？

噂のお店を探して小路に入ったとたん、昭和の記憶が鮮やかによみがえりました。お目当ての店は、弥生町の長屋の一番奥、手作り感のある白いペンキが塗られています。ドアに取り付けた流木の取っ手を押すと、店主の浜田さんが満面の笑みで迎えてくれました。

不思議な店名の「いど」は移動販売車、「はど」は波動。自転車の移動販売もしています。

idohado donuts.（いどはどドーナッツ）

住 函館市弥生町19-20
☎ 090-5075-5026
営 14:00～19:00
休 水・木・日曜
P なし

北海道産小麦やきび砂糖を使った甘さ控えめの焼きドーナツは、おから入りとバター系の10種類ほどを販売。宇宙や函館をイメージしたキャラクター的ドーナツも考案中。

甘い香りに誘われて

五島軒の斜め向かいの洋館の「ホタル」の文字が、ずっと気になっていました。以前は確か、古着屋さんだったような…。店主の鈴木さんも、その時からこの建物に愛着を抱いていたそうです。

築80年以上の美しい洋館と焼き菓子の甘い香りに誘われて、スイーツ好きのホタルたちがどこからともなくやってきて、今日もあっと言う間に完売です。

焼き菓子 ホタル

住 函館市元町29-16
☎ なし（お知らせはSNSで）
営 11:00～16:00
（売り切れ次第終了）
休 月・火曜（冬期間は日曜も）
P なし

道産小麦と函館牛乳で作る焼き菓子のメニューは月替り。季節限定や新作など訪れるたびに楽しみが…。スコーンはトースター、マフィンは電子レンジで少し温めるとさらにおいしい。

Old House

古民家

カフェ & 雑貨店

ただ古いだけではない
人々の息づかいを感じたこの家に
店主たちの夢と思いをのせて

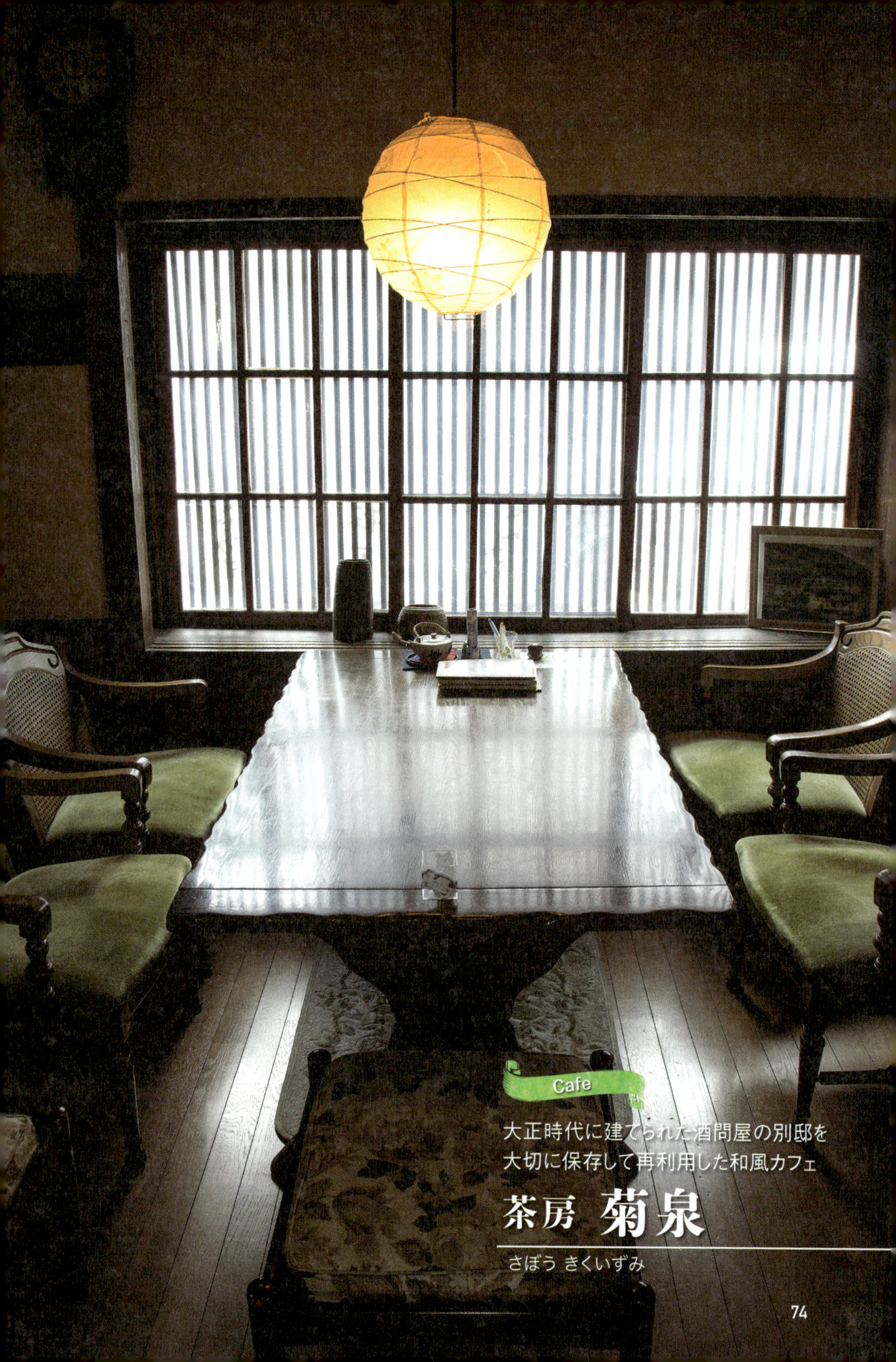

Cafe

大正時代に建てられた酒問屋の別邸を
大切に保存して再利用した和風カフェ

茶房 菊泉

さぼう きくいずみ

1

2

3

❶建物はかつて酒問屋を営んでいた花井家の別邸。当時の貴重な資料や古い看板も残されている❷年代物のたんすや時計、道具類が置かれた和室❸冬は囲炉裏を囲みながら、おしるこや郷土料理のくじら汁で温まりたい

港が丘通りでひときわ目を引く切妻屋根の建物は、１９２１（大正10）年に建てられた酒問屋の別邸を、ほぼ昔のままに再利用した和風カフェ。玄関の土間で靴を脱いで上がると、廊下を挟んで左右に趣の異なる部屋が並びます。ふすまを開け放した和室には、障子窓の近くや古いたんすの横、冬は炭火がおきた囲炉裏の前など、どこの席に座っても、まるで田舎の祖母の家を訪ねたような懐かしさに包まれます。

人気のとうふ白玉やぜんざいなどの和風スイーツと大粒の甘納豆が入った赤飯やくじら汁など、函館の郷土料理も味わえます。

MENU

コーヒー	450円
とうふ白玉ぜんざい（煎茶付）	680円
赤飯とくじら汁のセット（お茶付）	780円
菊泉パフェ	700円

「抹茶セットS」1,030円。自慢のあんことごまアイスをのせたとうふ白玉、スイートポテト付き

戦前から戦後まで人気を博した「のらくろ」の漫画本を発見

住 函館市元町14-5
☎ 0138-22-0306
営 10:00～17:00
休 木曜（祝日の場合は営業）
席 50席　全席禁煙
P なし

市電「末広町」電停より徒歩約7分

Cafe & Goods

まるたま小屋

まるたまごや

ロシア人も絶賛の焼きピロシキは
忘れられない味を再現して話題に
道産ビーツのボルシチもお試しあれ

1

2

3

❶赤いドアと看板、ロッキングホースが目印のロシアンカフェ❷焼きピロシキはスイーツ系も含めて10種類ほど用意。テイクアウトも可❸壁際の本棚にはロシアに関する書籍や資料、絵本などがびっしりと並ぶ

MENU

スペシャリティコーヒー　400円
焼きピロシキ（各種）250～300円
焼きピロシキ+ドリンクセット　600円～

焼きピロシキ＋北海道産ビーツと肉、野菜を煮込んだボルシチのセットは750円～

地元版画家、佐藤国男さんの作品がアクセントのトートバッグ（小）1,500円

元町配水場の向いに立つ築80年以上の民家を改装し、2015年にオープンしたロシアンカフェ。看板メニューの「焼きピロシキ」は、店主の北見伸子さんがかつてロシア料理店で食べた味が忘れられず、研究を重ねて完成させたもの。ロシアのおばあちゃんがいろいろな具材を入れることにヒントを得て、北海道の食材を使ったところ、ロシアからの観光客に絶賛されたそうです。

カフェの北側にある「まるたまスクエア」では、ワークショップやライブ、期間限定のランチ提供など、コミュニティースペースとして活用しています。

住 函館市元町2-3
☎ 0138-76-3749
営 11:00～18:00
休 火・水曜
席 16席　全席禁煙
P なし

市電「十字街」電停より
徒歩約10分

Cafe & Goods

迷いながらたどり着いた古民家は
高台に立つ空と海が一望のカフェ

カフェテリア morie

カフェテリア モーリエ

❶窓際の席からは函館湾が一望できる。映画「星に願いを」のロケで使われた席も人気❷日が傾きはじめて水面が黄金色に輝く夕刻の景色がおすすめ❸小さな看板を頼りに外国人墓地の中の小径を抜けてたどり着く古民家カフェ

MENU

ロシアンティ（バラジャム付）	500円
本日のケーキセット（ドリンク付）	850円
つぼ焼き きのこパイ	1,400円

サクッとした食感の「ピロシキ」500円。ドリンク付きは950円

マトリョーシカのイラストをあしらったハンドメイドの作品

住 函館市船見町23-1
☎ 0138-22-4190
営 11:00〜18:00（Lo17:00）
休 月・火曜（祝日は営業）、1〜2月は冬期休業
席 40席　全席禁煙
P なし

函館山山麓の高台にある外国人墓地は、函館の風光明媚な観光スポットとして知られています。道の途中で見つけたこのカフェの小さな看板を頼りに、墓地の中を進んで、ようやくたどり着く隠れ家のようなお店です。

おすすめのピロシキは、ジャガイモとひき肉がたっぷり入ったロシア風の惣菜パン。油で揚げないタイプなので、ヘルシーでサクッとした歯ごたえが人気です。バラジャムを添えたロシアンティとの相性もぴったり。店の入口では常連客が手作りしたポーチやティッシュケースなどのハンドメイド作品を販売しています。

函館バス「高龍寺前」停より
徒歩約5分

Cafe & Goods

みかづき工房／Gallery・Café 三日月

みかづきこうぼう／ギャラリー・カフェ みかづき

建具や廃材を活用してよみがえらせた
千歳坂途中にある蔵付きの店舗兼住宅

❶・❷地元在住の石川久美子さんをはじめ、函館を中心に活躍する陶芸家の作品を数多く展示販売❸旧住居の一部を利用したカフェスペース。コーヒー、紅茶、ハーブティーなどを用意。400円～❹どこか懐かしい蔵のある古民家を修繕し活用している

タンポポの綿毛を樹脂の中に閉じ込めたペーパーウエイト3,900円

ディップアート（アメリカンフラワー）のアクセサリー（arts&crafts SA-RA-SA）1,600円～

ノルウェーの伝統工芸ハーダンガーの刺繍を施したミニバッグ。6,000円

明治時代に造られた土蔵と大正から昭和にかけて建てられた店舗付き住宅を再利用した複合施設。建物内に残されていた建具や棚板などを活用して修繕し、旧住居の一部をカフェに、元質屋の店舗を雑貨コーナーに、土蔵はその構造を生かしてギャラリーとして利用されています。

雑貨コーナーには函館を中心に活躍する陶芸家、画家、工芸作家の作品と代表の吉岡希代美さんがお気に入りの手芸品や手作りアクセサリーを展示販売。写真や絵画、陶芸などそれぞれの作品に合わせた独特な展示を楽しめる土蔵ギャラリーも必見です。

住 函館市弥生町23-1
☎ 0138-87-0787
営 11:00～17:00
休 木曜（12～3月は冬期休業）
席 15席　喫煙可
P なし

市電「函館どつく前」電停より徒歩約5分

Cafe

入舟漁港近くの町並に溶け込んだ
手作り感あふれるほっこりカフェ

のらいぬ

のらいぬ

1

2

3

❶入舟漁港近くの古民家に少しずつ手を加えてでき上がった温もりのあるカフェ❷冬は真っ赤な薪ストーブがカフェ全体に温もりを与えてくれる❸絵本や雑誌をめくりながら、静かにゆったりと過ごす時間がいとおしい

MENU

のらいぬブレンド珈琲	M500円
	L600円
パフェ（月替り）	950円
みたらし団子のパフェ	800円
あんバタトーストサンド	600円

店内のあちこちに飾られた昔懐かしいおもちゃたち

ボリュームたっぷりのサンドイッチ。具材はその日によって異なる

住 函館市入舟町11-3
☎ なし　営 12:00～17:00
休 不定休（お休みはSNSでお知らせ）
席 5卓（1～2人用のみ）
※3名以上はご遠慮ください　全席禁煙
P 入舟漁港の駐車場をご利用ください（無料）

市電「函館どつく前」電停より徒歩約5分

市電の終点「函館どつく前」から、函館でもっとも古い入舟漁港（通称）へ向かう道沿いに、手作り感あふれる個性的なカフェがあります。料理人として全国各地をめぐったご主人が、奥様の故郷である函館を気に入ったことがきっかけで、新潟の佐渡島から移住。2016年に自宅の一部を改装してこの店をオープンさせました。

地元焙煎のオリジナルコーヒーと具材をたっぷり挟んだサンドイッチのプレート、季節のフルーツを味わう月替りのパフェなど、素材の特長を生かした素朴ながら繊細なメニューに癒やされます。

Cafe

ごはんおやつ シプル

ごはんおやつ シプル

港が一望の常盤坂の上に立つ
大正時代の古民家でいただく
体に優しいごはんとおばんざい

1

2

3

❶函館湾が一望の常盤坂の上に立つ古民家を再利用したカフェ❷店へは玄関の土間で靴を脱いでから上がる❸日本家屋の風情が残る店内。アンティークな家具のテーブル席を照らす灯りもシンプルに

MENU

今週のパスタ（サラダ付）1,080円
今週のピッツァ（サラダ付）
1,080円～
シプルのチーズケーキ　480円
コーヒー　480円

ヘルシーなおかずが並ぶ「シプルの週替わりごはん」1,300円

本日のおばんざいの内容は手書きした黒板をチェック

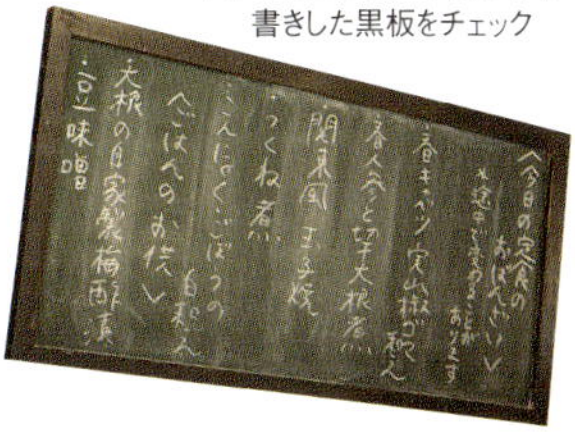

住 函館市船見町7-24
☎ 0138-76-8930
営 ランチ11:30～Lo14:30、
カフェ14:30～17:00、
ディナー17:00～20:00（Lo19:30）
休 水曜、第1・3木曜　席 16席
全席禁煙　P 3台（無料）

市電「大町」電停より
徒歩約7分

最近まで住居として使われていた古民家は大正時代に建てられたもの。白老町で飲食店を営んでいた山田都志樹さん、麻由さん夫妻が、新たな展開を目指してたどり着いたのがこの場所でした。畳板の汚れを取って塗装するなど内装のほとんどを自らリノベーション。木箱の内側に布を貼ったクロークボックスにも温もりが感じられます。

イタリアンのシェフの都志樹さんはパスタやピッツァを、麻由さんが週替りのごはんのメインやおかずを担当。ごく普通の家庭料理だからこそ、地元の食材を生かしたメニューにこだわっています。

Cafe & Goods

物語の主人公になった気分で過ごす
住宅街にひっそり佇む古民家カフェ

茶蔵

ちゃくら

1

2

3

4

❶チョコレートの風味が楽しめる「チョコミルクティー」630円❷・❸ハンドメイドのアクセサリーや雑貨も販売❹友人とのおしゃべりを楽しんだり、時には一人でゆったりと過ごしたりと、目的に合わせた使い方ができるカフェ

MENU

ブレンドコーヒー	500円
ランチ	1,080円～
ケーキセット	850円～
でかパフェ	3,600円～

オリジナルのロールケーキ「ちゃろ～る」550円。ドリンクセットは900円

自家製ホワイトソースにシーフードたっぷりの「地中海ドリア」1,080円

住 函館市杉並町23-25
☎ 0138-56-3566
営 11:00～17:30(Lo17:00)、月曜11:30～Lo19:00、祝日の月曜11:00～Lo17:00
休 木曜
席 29席　喫煙可
P 7台(無料)

市電「杉並町」電停より徒歩約10分

広大な敷地を有する遺愛学院の南側、駒場通り沿いに佇む古民家カフェ。築80年以上の民家をリノベーションし、日本家屋の風情を残す太い梁や柱、アンティークな家具や照明が落ち着いた雰囲気を醸し出しています。函館が舞台のコミック「純喫茶ねこ」のモデルとしても知られ、どの席に座っても物語のワンシーンになりそうな絵になるカフェです。

特製ホワイトソースを使ったフードメニューが豊富で、メインディッシュを選べる週替りランチも人気。スイーツ好きなら一度はチャレンジしたい「でかパフェ」も健在です。

五稜郭～湯の川編

市電で街めぐり

市電でよみがえる思い出や気軽に観光気分を味わって

函館の市電の前身は1898（明治31）年に弁天町～湯の川間の全線が開業した「馬車鉄道」です。当時の中心街から湯の川温泉まで、たくさんの人を運ぶことがその目的でした。120年経った今も、湯の川温泉に向かう多くの観光客が市電を利用しています。

五稜郭から湯の川までの沿線周辺には主要な高校が点在しています。市電に乗ると当時の懐かしい思い出がよみがえることでしょう。終点には湯の川温泉発祥の碑が立つ湯倉神社があり、御朱印を拝受する人々で賑わっています。地元に住んでいても、市電に乗れば気軽に観光気分が味わえます。

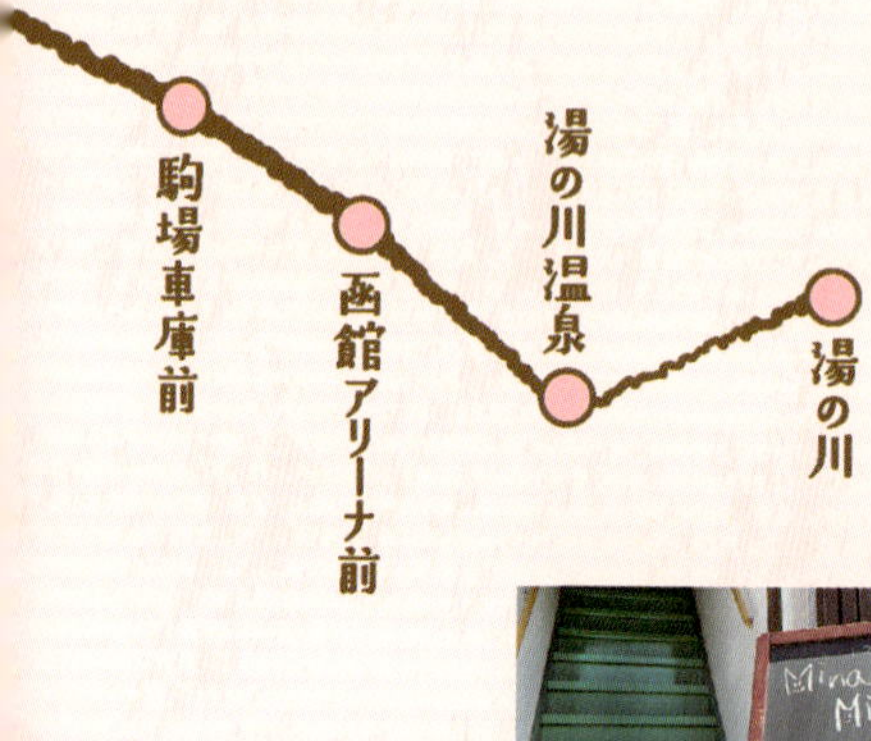

A
「湯の川」から徒歩2分！

個性的なアクセサリーと店主お気に入りの雑貨！

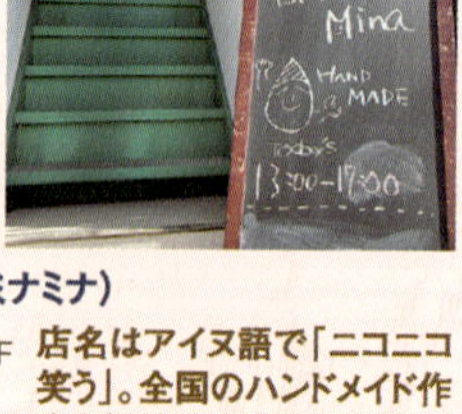

A MinaMina（ミナミナ）

住 函館市湯川町3丁目24-9 2F
☎ 080-8364-3669
営 13:00～17:00
休 不定休
P なし

店名はアイヌ語で「ニコニコ笑う」。全国のハンドメイド作家と個性的な店主の作品を販売。オーガニック商品や店主お気に入りの雑貨にも注目。キッズルームあり。

B 喫茶 CANVAS(キャンバス)

住 函館市本町31-23
☎ 0138-87-0583
営 11:00～Lo17:00、ランチは14:00まで
休 日曜
席 20席
P あり

ホッとくつろげる家庭的なカフェ。豆乳パングラタンやしょうが焼きプレート、オムライスなどフードメニューも豊富。甘党にはたまらないボリューミーなパフェもおすすめ。

ボリュームたっぷり人気の抹茶パフェ！

種類豊富な天然石のピアス！

ミルク缶入り洗濯洗剤！(by とみおかクリーニング)

C 4 Quatre(キャトル)

住 函館市松陰町2-22
☎ 0138-76-4251
営 11:00～19:00
休 月・火曜
P 3台(無料)

おしゃれにディスプレーされたアクセサリー専門店。ハンドメイド作家の店長が制作したピアスやネックレス、指輪など、天然石を使ったアクセサリーが充実している。

ピアスはイヤリングに加工できる！

折りたためる?! バードウォッチング長靴！

D GRANDIR(グランディール)

住 函館市柏木町2-25
☎ 0138-52-0222
営 10:00～19:00
休 木曜
P 2台(無料)

雑貨販売の経験豊富なオーナーがセレクトしたアウトドアグッズや生活雑貨、食器類、便利なキッチン用品などが並び、他では見られないユニークなラインナップが特長。

ちょっと寄り道してみませんか

テイクアウトでひと休み

ソフトクリーム

街を散策していると目に入るソフトクリームの看板やディスプレー。酪農王国北海道の自慢は、地元の濃厚な牛乳を使ったおいしいソフトクリームが味わえること。カフェや雑貨屋さんめぐりをしながら地元のソフトクリームでひと休みしましょう。ただし食べ歩きはせず、店先のベンチをご利用ください。

Cafe Mario Doll（カフェ マリオドール）

住 函館市末広町12-7
☎ 0138-22-5671
営 11:00〜20:00
（火曜のみ11:00〜16:00）
休 第3木曜
席 27席
P 2台（無料）

かつての海産商問屋の建物を利用したレトロな雰囲気のカフェ。牛乳ソフトにエスプレッソコーヒーを注いだ「カフェソフト」など、人気のソフトクリームは店内での飲食も可。

焼き菓子のお店

最近、函館市内のあちこちに、焼き菓子のお店が誕生しているのをご存知ですか?元町の「ホタル」、弥生町の「いどはどドーナツ」、本町の「mori-co」、松陰町の「BeChair」などなど。手作りのお菓子は売り切れ必至なので、早めのテイクアウトがおすすめです。

LUPINUS Cafe（ルピナス カフェ）

住 函館市東川町14-10
☎ なし（問合せlupinus.cafe@gmail.com）
営 10:00〜売り切れ次第終了
休 日・月・火曜
P なし

自家製天然酵母と道産小麦で作る無添加のベーグルと素材にこだわったオリジナルサンドイッチを販売。人気のベーグルは常時10種類ですが、週末は多めに販売する予定。

Great View

眺めのいい
カフェ & 雑貨店

独り占めしたくなるほど
ここからの景色が好きだから
幸せのひとときをあなたにも

Cafe & Goods

cafe 海と硝子

カフェ うみとガラス

海沿いに立つ眺めのいいカフェ
ガラスアートの作品とともに
テラスから楽しむ青い海と空

1

2

3

❶テラスからは風に乗って遊ぶ海鳥たちの姿が間近に見える❷ガラス作家の美鈴さんのかわいいガラスアートを展示販売している❸「不器用マスターのちょうちょクレープ」オレンジ&チョコ500円と「海色ライチカルピス」450円

MENU

コーヒー	500円
紅茶	500円
茜色レモンソーダ	450円
ホットサンド	500円～

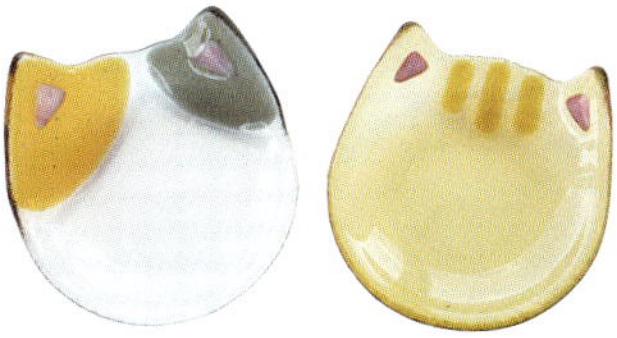

「猫のお皿」と「猫の肉球箸置き」

柑橘類の輪切りをあしらった「シトラスプレート」

住 函館市住吉町15-2
☎ なし(問合せumi.to.glass@gmail.com)
営 13:00～18:00(変更時はHPでお知らせ)
休 不定休(詳細はHPでお知らせ)
席 25席　喫煙可
P 7台(無料)

市電「谷地頭」電停より
徒歩約7分

左手から緩やかに弧を描く大森浜、正面には湯の川温泉街と函館空港を発着する飛行機が見えるガラス張りのテラス。函館に移住後、海沿いに立つ「café琥珀」からの景色を気に入ってよく足を運んでいた田中彰さん、美鈴さんご夫婦が、2018年7月に前オーナーから引き継いでオープンさせたカフェです。

当初はガラスアートのギャラリーを開く予定でしたが、コーヒー好きなご主人の協力で、午後から夕方までカフェ営業を行っています。「ココロときめく虹色ガラス」とともに、きらめく青い海と空を堪能できる絶景カフェです。

Cafe

cafe LAMINAIRE

カフェ ラミネール

晴れた日の昼下がりは
ガラス張りの海カフェで
贅沢な時間を過ごしたい

1

2

3

❶海に面したガラス張りの2階部分がカフェスペースになっている❷黒のレザーと無垢材を組み合わせた椅子がレンガを施したカウンターによく似合う❸天気の良い日は、海が目の前のオープンテラスで過ごしたい

MENU

コーヒー	500円〜
ケーキ&ドリンク	850円〜
今週のワンプレート	1,050円
デザート付	1,400円

「デザートの盛り合せ&ドリンク」1,000円〜

1階の外壁には自作のタイルアートが飾られている

[住]函館市宝来町14-31
[☎]0138-27-2277 [営]11:00〜18:00
[休]なし(6〜11月、水曜はスイーツメイン)、12〜5月は水曜定休
[席]26席、テラス4席 喫煙可(混雑状況や時間帯によっては、ご遠慮いただく場合があります)
[P]10台(無料)

シンプルながら洗練されたデザインの店は、函館を代表するおしゃれな海カフェとして有名。2階の店舗スペースは、天井から床まで視界を遮ることのないガラス窓の向こうに、津軽海峡から太平洋へと続く大海原が広がっています。

海を眺めながらのんびりと過ごす昼下がりは、2種のケーキとアイスクリームをセットにした「デザートの盛り合せ&ドリンク」で。週替りで楽しめるサラダ、ライス、ドリンク付きのワンプレートやパスタなどフードメニューもおすすめです。天気の良い日はペットOKのテラス席が人気です。

市電「宝来町」電停より
徒歩約3分

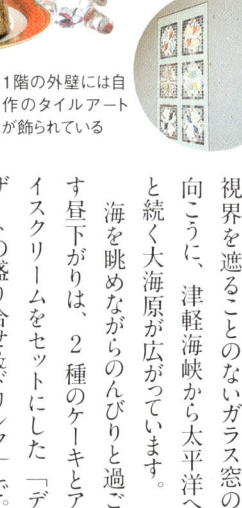

Cafe & Goods

CASANOVA HAKODATE

カサノバ ハコダテ

50年代のアメリカをイメージした
オーシャンビューの複合ショップ

1

2

3

❶漁火通り沿いに誕生したカフェとアパレルの複合ショップ ❷店舗の右側はヴィンテージのセレクトショップ ❸ベーコンとバナナにピーナッツバターとハチミツをはさんだサンドイッチ「エルビス」1,000円と「自家製レモネード」400円

２０１８年９月、漁火通り沿いにオープンしたカフェとアパレルの複合ショップ。１９５０年代のアメリカをイメージした店内は、海に向かって左がカフェ、右はヴィンテージのセレクトショップで、洋服のリフォームやデニムのリペアを本職とするオーナー、蒲生貴之さんの工房を兼ねています。

大海原を前にゆったりとした気分でいただくサンドイッチは、厳選した具材の意外な組み合わせが楽しめます。爽やかな風が吹く夏の一日は、妻の由紀子さんがデザインしたストローハットをかぶって、テラス席で過ごしてみませんか。

コーデュロイの「スイングキャスケット」9,500円

オリジナルの「ストローハット」12,800円

「ビンテージストール」8,000円～

MENU

コーヒー	400円
旬のフルーツサンド	350円～
グリルドチーズ	800円
グラニテ	600円

住 函館宇賀浦町7-7
☎ 0138-76-1309
営 10:00～24:00、日曜～18:00
休 毎月1・10・20・末日
席 15席、テラス3席　分煙（店内禁煙、テラス席のみ喫煙可）
P 6台（無料）

函館バス「宇賀浦町」停より徒歩約2分

Goods

雑貨屋 シーズン

ざっかや シーズン

モデルハウスを活用した雑貨店
海を眺めながら
四季を彩る商品にふれる

1

2

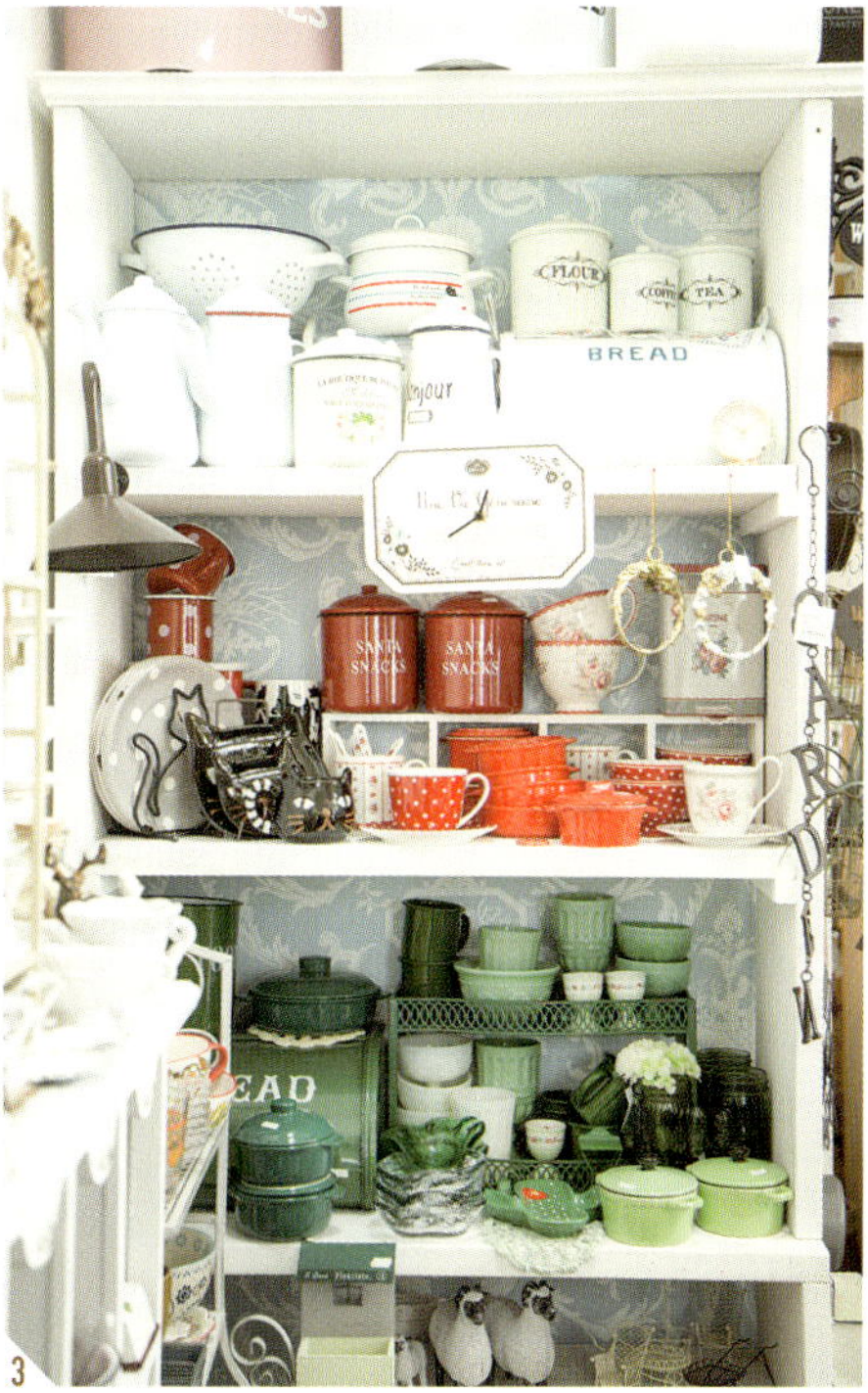

3

❶インテリアになりそうなすてきなデザイン❷ペアビッグボウルやペアスープセットなどHEINZの食器で料理も食事も楽しく❸多彩なカラーやデザインの商品が揃うキッチン用品

停電の時でも気持ちを落ち着かせてくれる「ソーラーライト」

ネコの「ガーデンオーナメント」はセットで3,780円

見た目もおしゃれな「ブーツ型プランター」3,132円

眼前に津軽海峡が広がる高台に建つステキな一軒家は、函館では屈指の商品点数を誇る雑貨店。この店舗の建物はもともと、小野店長のご主人が経営する建設会社がモデルハウスとして建てたものです。そのため、「ここに飾るといいかも」など、その場でイメージを膨らませられるのが楽しいところ。

店名の通り、春はガーデニンググッズ、冬はクリスマス関連など季節感のある商品が揃い、ビンテージのアメリカ雑貨であふれるメインフロア横のガレージは、男性客から人気を集めています。

住 函館市高松町332-10
☎ 0138-57-7027
営 10:00～17:00
休 月・木曜
P 3台（無料）

市電「湯の川」電停より車で約5分

Cafe & Goods

cafe én

カフェ エン

体と環境にやさしいスローフードと
かわいいネコグッズに癒される
市街地を見下ろす丘の上のカフェ

1

2

3

❶ギャラリースペースでは手作り作家の作品展などが随時行われている❷ネコグッズを中心に手作り作家の作品を販売❸開店15周年を記念してオープン当初のメニューを復刻。「ナシゴレン（サラダ・ドリンク付）」1,100円

MENU

コーヒー	500円
デザート（ドリンクセット）	800円
女子力UP美肌ランチ（デザート・ドリンク付）	1,200円

ネコのイラストが入った「がま口」1,000円

「にゃんロールケーキ」500円

バラとネコのキュートな組み合わせ。「ファスナーポーチ」1,000円

住 函館市赤川町365-5
☎ 0138-47-4333
営 11:00～18:00、18:00以降は予約
休 月・火曜、第1日曜
席 32席　全席禁煙
P 10台（無料）

産業道路・美原交差点より車で約5分

公立はこだて未来大学のほど近く、函館の市街地が一望できる丘の上に立つカフェ。大きな窓からは、函館港に停泊する大型客船が驚くほど近くに見えます。ランチをいただきながら眺める昼景はもちろん、街の灯が瞬き始める夕刻から日没後に輝きを増す裏夜景もおすすめです。

ランチは、近隣の農家さんから仕入れた野菜を中心に、体にやさしい食材を使ったヘルシーメニューが評判。ネコをモチーフにしたかわいいグッズをはじめ、手作り雑貨の作品展やカルチャー教室、ミニライブなどのイベントも随時行っています。

Cafe

cafe T's+

カフェ ティーズプラス

眺望抜群な東山のカフェでいただく
ほかにはない食感のパンケーキと
ボリュームたっぷりのフードメニュー

1

2

3

❶眺望の良いこの店にぴったりの双眼鏡は常連客からのプレゼント❷窓際のテーブル席は2つのみ。運良く空いていれば、景色を楽しみながら食事やスイーツが味わえる❸ゆったりと配置したカウンター席で店主との会話も弾む

MENU

コーヒー	500円
バナナとチョコのパンケーキ	
シングル	700円
ダブル	1,300円
タコライス	850円

「ガーリックピラフと和牛のひまわりオイル揚げ」2,100円

かわいいデザインのポーランド製の食器を使用

四つ葉のクローバーをイメージした「ティラミス～クワドリフォリオ～(2枚重ね)」1,100円

住 函館市東山町143-133
☎ 0138-84-5291
営 11:30～21:30(Lo20:30)、月曜は19:00まで(Lo18:00)
休 火曜、第4水曜　席 14席　喫煙可　P 6台(無料)

※お子様同伴は他のお客様への配慮でご遠慮いただくことがあります。
※座席数に限りがあるため5名以上の団体は入店できない場合があります。

産業道路・東山墓園線より車で約10分

「ここからの素晴らしい景色をお客様にじっくりと楽しんでいただきたい」。2013年、店主の坂本さんがそんな思いを込めて新築した自宅の2階に作った眺めのいいカフェです。正面には函館山と市街地が見え、時おり空港を発着する飛行機が窓を横切ります。

眺望の良さとともに評判を呼んでいるのは、道産小麦を使ったオリジナルレシピのパンケーキ。表面はサクッと中はふんわりのスイーツ好きにはたまらないメニューです。さらに、ステーキやタコライス、パスタなどボリュームたっぷりのフードメニューも揃っています。

Cafe

森の丘のCafe 青い空

もりのおかのカフェ あおいそら

森の中に佇むログハウス
豊かな自然の中での
非日常的なひととき

1

2

3

❶白い塔は上まで登ることができ、眼下に広がる景色を楽しめる❷森の中でくつろいでいるかのような2階席もおすすめ❸暖炉がある1階は、知り合いの別荘を訪れたかのような空間

MENU

モーニングセット（11:00〜14:00） 650円
スパゲッティナポリタン（サラダ・スープ付） 700円
オリジナルブレンドコーヒー 500円

トースト、サラダ、ゆで卵にコーヒーが付く「モーニングセット」650円

「コーヒーゼリーパフェ」500円は苦みもあって大人の味わい

住 亀田郡七飯町仁山455-63
☎ 080-1879-4390
営 11:00〜18:00
（11〜12月は11:00〜17:00）
休 月曜、月1回日曜（1〜3月は冬期休業）
席 30席　禁煙（テラス席のみ喫煙可）
P 10台（無料）

JR「新函館北斗」駅より車で約10分

七飯町仁山の森の中へ入っていくと、白い塔が青い空に映えるログハウスが見えてきます。北斗市でリフォーム会社を経営するオーナーの藤田さんが別荘として建てたこの建物は、2015年からカフェとして営業しており、すぐ側には貸し別荘もあります。

暖炉やアンティークなインテリアで飾られた空間で味わう、サイフォンで淹れたコーヒーは格別です。また、2階や塔の展望台から大野平野越しに城岱牧場が見渡せる絶景も魅力の同店。ライブも不定期で開催しており、それを楽しみに訪れるお客様も多いそうです。

Cafe

自家焙煎珈琲 ピーベリー

じかばいせんコーヒー　ピーベリー

春は満開の桜、夏は爽やかな緑
五稜郭公園の四季を愛でながら
香り高いコーヒーを味わう

❶暖かい日はテラスにテーブル席をご用意。桜の季節は散策する市民や観光客が目の前を行き交う❷木の温もりが感じられる落ち着いた雰囲気のカフェ❸オーナーが趣味で集めたアンティークの家具やインテリアが店内に飾られている

国の特別史跡である五稜郭公園は、毎年4月下旬から5月上旬にかけて、約1600本のソメイヨシノが咲き誇る桜の名所。その目の前に立つこのお店では、満開の桜を見ながら自家焙煎の香り高いコーヒーを楽しむ人で賑わいます。

趣味のパン作りを生かそうと、オーナーの鍵主ゆみ子さんが店を始めて21年。先祖代々引き継いできたこの土地は、桜だけでなく五稜郭の四季折々の景色をひとり占めできるのが特長です。店内にはアンティークの家具やインテリアが飾られ、丹精込めて育てたバラの花がテーブルを彩っています。

アイスを添えた手作りのシフォンケーキをピーベリーブレンドコーヒーとともに。「ケーキセット」850円

MENU

自家焙煎珈琲	490円〜
ハーブティー	500円〜
紅茶	500円〜
ホワイトパンシチュー	1,200円

住 函館市五稜郭町27-8
☎ 0138-54-0920
営 8:00〜17:00（4〜10月）、9:00〜17:00（11〜3月）
休 月曜、第2火曜　席 33席
店内禁煙（ベランダ席喫煙可）
P 10台（無料）

函館バス「中央図書館前」停より徒歩約1分

ちょっと寄り道してみませんか

話題のパン屋さん

ほんのり甘い角食

新しいお店の出現で街の雰囲気に変化を感じることがあります。庶民の市場として知られる「中島れんばい」の入口にできたパン屋さんには、甘い匂いに誘われて途切れることなくお客様が…。懐かしい「れんばい」にもぜひお立ち寄りを。

手づくりパンの家 ムックル

住 函館市千代台町12-25
☎ 0138-84-5758
営 6:30〜17:30
休 火曜、第3水曜
P 6台（無料）

2016年に鹿部町から移転オープン。生のままでもおいしい角食はハチミツ入りで耳までほんのり甘い。甘さ控えめのしっとりした味わいが楽しめるイギリスパンもおすすめ。

種類は200以上

桜が丘通りに移転オープンしたパン屋さんのオーナーは、かつて西武デパート地下の「神戸ウプサラ」で店長をしていた櫛引豊さん。２００種類を超えるパンのバリエーションは函館随一です。パンの良い香りに包まれて桜並木も微笑んでいるようです。

パン研究所 神戸こむぎ館

住 函館市松陰町27-41
☎ 0138-55-3825
営 8:00〜19:00（パンがなくなり次第閉店）
休 日曜、年末年始
P 5台（無料）

2016年に現在地へ移転。72時間低温発酵で作られるパンは、毎日食べても食べ飽きないと評判。ハード系から菓子パン、サンドイッチまで、常時200種類以上が並ぶ人気店。

Renovation

リノベーション

カフェ & 雑貨店

建物に新たな命を吹き込んで
船出を始めたこの店が
次なる歴史を刻み続ける

Cafe

築80年の歯科医院をリノベーション
本格石窯ピッツァの人気カフェに

Transistor CAFE

トランジスタ カフェ

1

2

3

❶独特な風貌の建物は元歯科医院。当時の風情をできるだけ残して再生された❷壁に掛けられているのはダイヤル式の黒電話❸古びた天井板や漆喰の壁を取り除き、趣のあるカフェに生まれ変わった

古色を帯びたモルタル壁の建物は、1935（昭和10）年建造の歯科医院。函館の西部地区を中心に、建物の再利用プロジェクトを実践する人々によってリノベーションされました。1階のカフェは、神奈川県出身でソムリエの山田伸広さんが2016年にオープン。石窯で焼く本格ピッツァが評判となり予約が取れない人気店となりました。

8種類の中から選ぶピッツァランチはサラダ、スープ、ドリンク付きです。北海道産の食材をふんだんに使ったピッツァは売り切れ必至。旬のフルーツたっぷりの季節のパフェもおすすめです。

冬は薪ストーブの温もりがじんわりと店内を包み込む

MENU

石窯ピッツァランチ（サラダ、スープ、ドリンク付）	950円～
季節のパフェ	900円～
ハンドドリップコーヒー	500円

ランチはお好きなピッツァを選んで。
「クリームベーコンオニオン」1,350円

住 函館市元町28-18 An deux HOUSE1F
☎ 0138-76-8196
営 11:00～17:00（Lo16:00）
※なくなり次第終了
休 月・火曜
席 20席　全席禁煙
P 6台（無料）

市電「十字街」電停より
徒歩約5分

Goods

建物の歴史が残された店舗に並ぶのは
使い続けるほど愛着がわく手作りの鞄

OZIO 本店

オジオ ほんてん

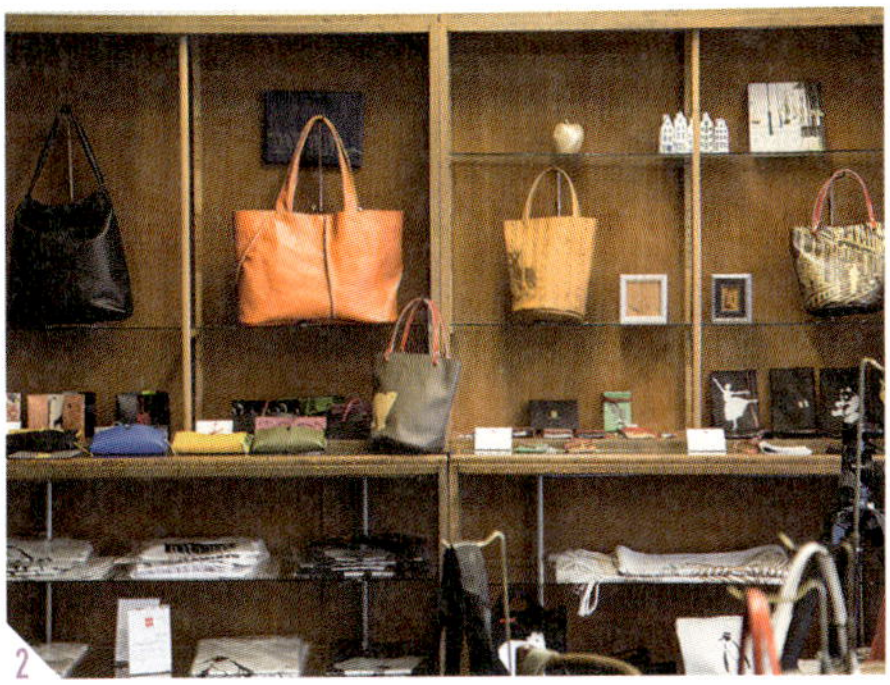

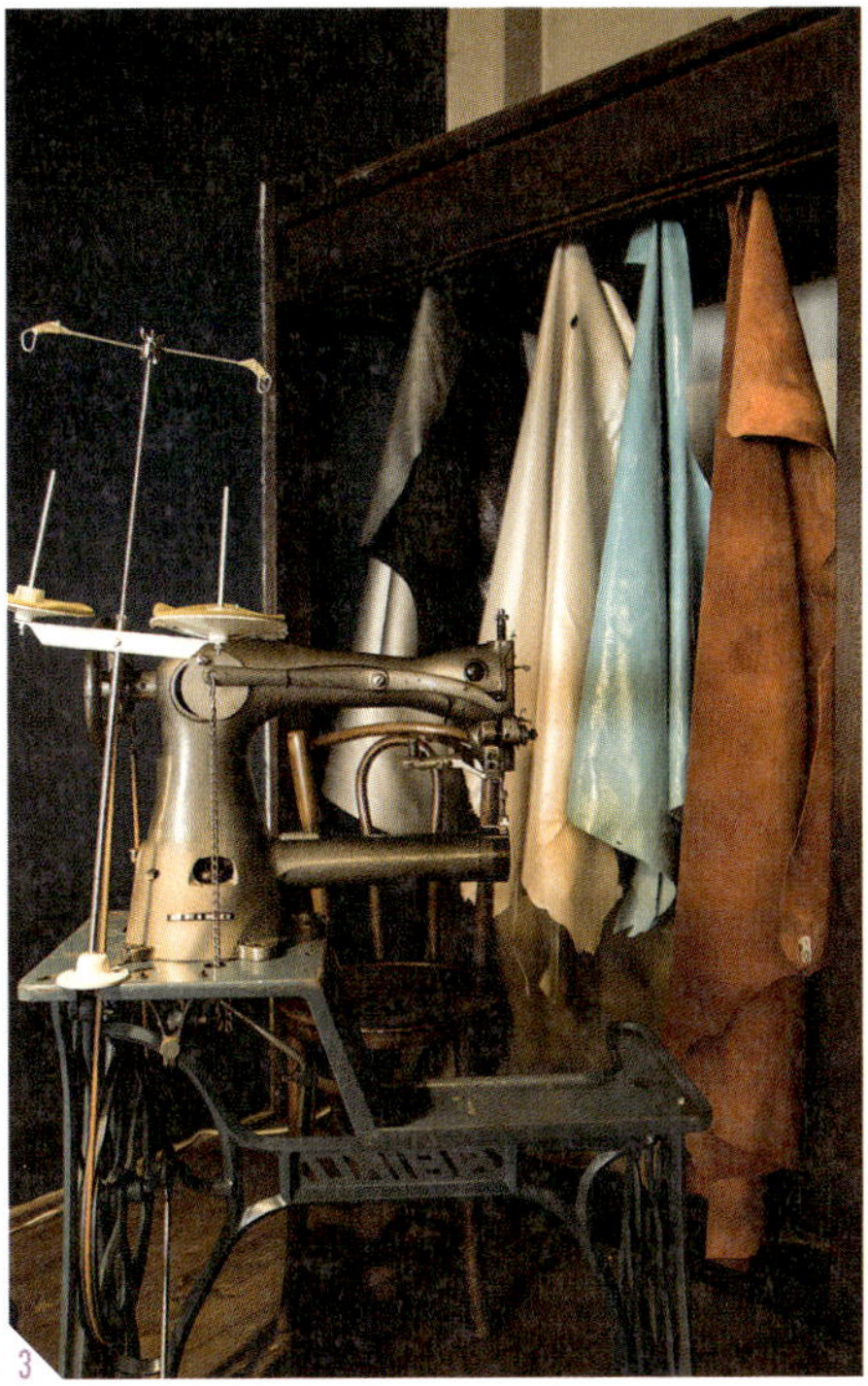

❶店舗は「精養軒のパン」として親しまれてきた地元パンメーカーの旧本店を再利用❷さまざまな色とデザインのバッグをはじめ、メガネケースやキーホルダーなどの小物も並ぶ❸ご自分の好みに合わせたオーダーメードも可能

使うほどに手に馴染んでくる丈夫な長財布

流氷の上でくつろぐアザラシのイラストがキュートなバケツ型のバッグ

人気のフラミンゴを描いたトートバッグもバリエーション豊富

鞄作家の永嶺《ながみね》康紀《やすのり》さんが手作りしたレザーアートが並ぶ直営店は、老舗レストラン「五島軒」の向かいに立つ築80年以上の建物をリノベーションしたもの。木造モルタル塗りの建物は、古くから市民に親しまれてきた旧精養軒本店で、当時から使われていた棚やタイルの床、一段高くなった木板のフロアもそのまま残されています。

一度見ただけで印象に残る永嶺さんの作品は、ハイヒールを履いたフラミンゴやバッグを持ったアザラシなど、チャーミングなアニマル柄が人気です。色やモチーフを選べるオーダーも可能です。

住 函館市元町29-14
☎ 0138-23-1773
営 11:00～19:00、11～3月は11:00～18:00
休 年末年始、臨時休業あり
P 3台（無料）

市電「十字街」電停より徒歩約5分

Cafe

凛とした気配の中にお菓子の香りが漂う
南部坂の途中のリノベーションカフェ

Café D'ici

カフェ ディシィ

1

2

3

❶建物は南部坂途中に立つ古い民家をリノベーション❷店主の濱田沙織さんによるこだわりのコーヒーと手作りケーキや焼き菓子が好評❸センスの良い家具やインテリアに囲まれてゆったりとくつろぎたい

MENU

珈琲（ディシィブレンド）	500円
珈琲（特上フレンチブレンド）	530円
珈琲ゼリーと黒みつのパフェ	600円
パンとサラダ	550円

マスカテルフレーバーの「紅茶（ダージリン）」550円

各種焼き菓子はテイクアウトもできる

本日のケーキメニューから「フルーツスパイスケーキ」をチョイス

函館ロープウェイの山麓駅へと続く南部坂の途中にあるカフェは、古い平屋の民家をリノベーションしたもの。行き交う観光バスを横目にそっとドアを開けると、どこか凛とした気配の中に、コーヒーと焼き菓子の香りが漂う穏やかな空間が広がっています。

店主の濱田沙織さんが時間をかけて選びぬいたコーヒーは、すっきりと飲みやすく豆本来の味わいが楽しめます。コーヒーや紅茶のお供は、さまざまなアイデアから生まれた店主手作りの焼き菓子たち。季節ごとに素材や味わいに工夫を凝らした手作りケーキも、お試しあれ。

住 函館市元町22-9
☎ 0138-76-7476
営 10:30～19:00
休 木曜、第1・3水曜
席 14席　喫煙可
P 2台（無料）、隣接有料パーキング利用で100円サービス券進呈

市電「十字街」電停より
徒歩約5分

Cafe

本と珈琲と酒 百閒

ほんとコーヒーとさけ ひゃっけん

カフェでもバーでも、古本屋でもない
小さな空間をそれぞれの使い方で
思い思いに過ごしてほしい

1

2

3

❶外観はほぼそのままに、この界隈に軒を連ねていた古本屋のひとつを再利用❷「百間」という空間であなたならではの使い方を見つけて❸天井まで積まれた棚が圧巻。本好きにはたまらない空間だ

MENU

百間ブレンド	550円
豆乳ほうじ茶	600円
つまみ盛	800円

住 函館市宮前町15-4
☎ 0138-76-9270
営 15:00～23:00(Lo22:00)
休 火・水曜　席 13席
分煙　※子ども、妊娠中の女性がいる場合は全席禁煙
P 6台(無料)

函館バス「ガス会社前」停より徒歩約5分

小腹が空いた時にぴったり「おにぎりごはん」800円

ビターなコーヒーゼリーを使った「珈琲三乗」700円

明治生まれの作家、内田百閒にちなんだこの店は、カフェでもバーでも、古本屋でもない「百間」という空間がコンセプト。店主は「それぞれの過ごし方でくつろいでいただくのが百間流」と話します。築50年余りの古本屋兼住宅を再利用した店で、天井まである本棚はその名残。店主の山本直美さんがお気に入りの幅広いジャンルの本が置かれています。

ゼリー、アイスクリーム、クリームのすべてにコーヒーを加えた「珈琲三乗」は人気のスイーツ。土鍋で炊いたご飯で作る「おにぎりごはん」は、ランチを食べ損ねた方や夜食におすすめです。

Cafe

函館唯一のトルコ料理店は
蔦に覆われる古民家を再生

Pazar Bazar

パザール バザール

❶夏には建物を覆いつくすほどに蔦が生い茂る❷階段を上った2階にテーブル席が用意されている❸天井を飾るのはモザイクガラスを使ったトルコランプ❹炭焼きシシケバブは単品での注文も可能。チキン360円、マトン500円

MENU

旅するスパイスカレーランチ（カレー2種盛）	1,600円
炭焼きシシケバブランチ（チキン&マトン）	1,350円
ピタサンドランチ	1,100円

※ランチはサラダ、ドリンク付

「旅するスパイスカレー」カレー1種盛1,200円。ご飯は厚沢部町の無農薬米を使用。フレッシュ野菜のサラダ、ドリンク付き

住 函館市末広町17-19
☎ 0138-83-8606
営 火～木曜11:00～18:00（Lo17:00）、金・土曜11:00～21:00（Lo20:00）
休 日・月曜
席 13席　全席禁煙
P 3台（無料）

市電「十字街」電停より徒歩約5分

解体された家屋の廃材を利用して、昭和初期に建てられた古民家をよみがえらせたのは店主の國立《くにたて》大喜《ひろき》さん。2010年に函館唯一のトルコ料理店としてオープンしました。

國立さんはアジアやヨーロッパの各地を旅した経験が豊富で、店には海外からの旅行者も数多く訪れるそうです。メニューは、一番に魅了されたトルコ共和国のシシケバブとインドやネパールのカレーを食べやすくアレンジ。広大な大地と食材に恵まれた北海道はトルコとの共通点も多く、地元食材を積極的に取り入れたトルコ料理が気軽に味わえます。

Goods

ごくごく普通の民家のドアを開ければ
きっと見つかるお気に入りの手作り雑貨

Atelier and Shop SUQ+

アトリエ アンド ショップ スークプラス

1

2

3

❶種類豊富なピアスは、その場でイヤリングに加工もできる❷佐藤さんの作品の中心となる皮製品。色の組み合わせにセンスが光るカードケース❸ポップアートのプリント柄が魅力的なトートバッグはサイズもいろいろ

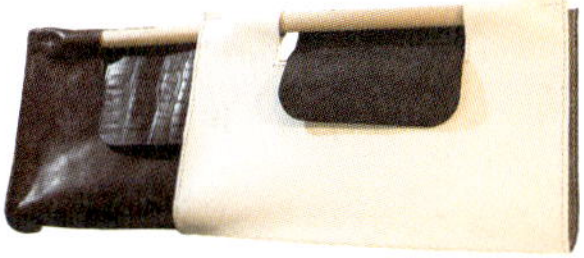
ユニークなデザインの革製ミニバッグ。各8,640円

バッグの持ち手につけられるカラフルなポーチ各2,700円

革のスリッパは丈夫で履き心地もバツグン。6,480円

住 函館市宝来町27-13
☎ 0138-22-6167
営 13:00〜18:00
休 水・木・金曜
P なし

宝来町の海に近い住宅街の一角、ごくごく普通の民家の1階を店舗に、2階を工房にリノベーションして、創作活動を続けているのがハンドメイド作家の佐藤紘子さん。玄関で靴を脱いだら、まずは佐藤さんお手製の革のスリッパを履いて店内へ。友だちの家を訪れた気分で、お気に入りの雑貨やアクセサリーを探してみましょう。

バッグやポーチなどの革製品をはじめ、肌触りのいい洋服やトートバッグ、シュシュやティッシュケースなどの布製品、ピアスやイヤリングなどのアクセサリーと温もりが感じられる手作り品が満載です。

市電「宝来町」電停より徒歩約5分

Cafe

築60年の一軒家を改装した
自家焙煎炭焼珈琲の専門店

Yagies Coffee

ヤギーズ コーヒー

1

2

3

❶店はかすみ園通りの一軒家をリノベーション❷まずはお試し用にドリップバッグ（1袋120円）を購入。お気に入りの豆を見つけよう❸店内のあちこちで利用されているリンゴ箱を使った棚が、手作りの椅子やテーブルとマッチング

住宅街の中になぜかここだけ未舗装の通り。駒場通りから砂利道のかすみ園通りへ入ってすぐ、赤い屋根とヤギのイラストの看板を発見しました。築60年の一軒家を改装した店は、堀川町電停前から移転した自家焙煎炭焼珈琲の専門店です。

「基本は豆売りの店ですが、味見したいという方のためにスペースを設けました」と話す店主は八木武志さん。看板のヤギに納得です。少し深めに焼いた豆は自家製の焙煎機で少量ずつが基本。「浅いやつ」、「深いやつ」、「なかなかなやつ」とユニークなネーミングのコーヒー豆に注目です。

MENU

コーヒー	ブレンド	500円
	ストレート	500円～
アイスコーヒー		600円
ナポリタン		700円

「ケーキセット」コーヒー付900円。コーヒーは6種のブレンドの中からチョイス

住 函館市柏木町7-65
☎ 080-1886-9906
営 金～月曜11:00～17:00、
水・木曜（豆売りのみ）14:00～19:00
休 火曜、豆売りは不定休
席 15席 分煙（喫煙所利用）
P 5台（無料）

市電「柏木町」電停より
徒歩約7分

Cafe & Goods

cafe plantar

カフェ プランタール

近隣農家の作物や新鮮食材を
集めた小さなマーケットと
自然派野菜の料理を楽しむ

❶2種のパンにポタージュ、野菜のグリル、季節のデリなどを盛り合わせた「パンと野菜料理のプレート」1,280円❷函館「オショーファーム」の無農薬野菜が随時入荷❸庭の菜園を眺めながらいただくランチもまた格別

MENU

リゾットと野菜料理のプレート	1,280円
プレートとドリンクのセット（ミニデザート付）	1,630円
自家製アイスクリーム	500円
ハーブコーディアル	600円

八戸南郷・南風農園の「にんじんジュース」

せたな町・モリガキ農園の平飼いの「自然有精卵」

住 函館市時任町28-8
☎ 0138-86-5086
営 カフェ&マーケット11:00〜15:00、ランチ11:30〜Lo14:00
休 月・火曜
席 16席　全席禁煙
P 10台（無料）

市電「杉並町」電停より徒歩約8分

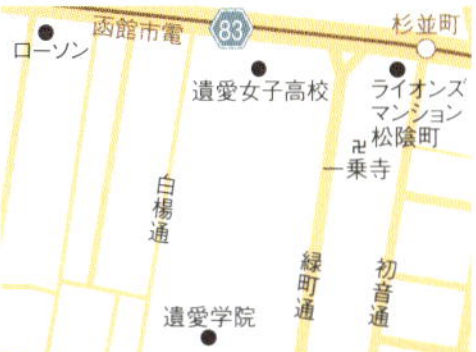

カフェ&マーケットとして2018年に本格オープンした店は、旧函館ドックの元社宅で、数年前までフランス料理店として使われていたもの。函館在住の映画監督、大西功一さんが「食べ物を通して豊かな自然とつながること」をテーマに、自家菜園で育てた野菜やハーブと自然栽培にこだわる近隣農家の作物やオーガニック調味料を使った料理や飲み物を提供しています。

店内のマーケットスペースには、店で使われている食材や新鮮野菜、調味料などを販売。食事だけでなく、気軽に立ち寄れる小さなマーケットとしても注目です。

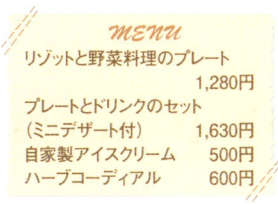

INDEX

[編集]
浅井 精一、草苅 いづみ

[取材・テキスト]
草苅 いづみ、竹田 政利

[撮影]
富田 桃子

[デザイン・DTP]
垣本 亨

[Special Thanks]
髙橋 ゆかり

本書の制作にあたり、取材にご協力いただいた掲載各店の
みなさまに心より御礼申し上げます。

函館　素敵なカフェ＆お店案内
こだわりのカフェ・パン・スイーツ・雑貨たち

2019年7月30日　第1版・第1刷発行

著　者　でざいんるーむ
発行者　メイツ出版株式会社
代表者　三渡　治
〒102-0093 東京都千代田区平河町一丁目1-8
TEL：03-5276-3050（編集・営業）
03-5276-3052（注文専用）
FAX：03-5276-3105
印　刷　株式会社厚徳社

ご意見・ご感想はホームページから承っております。
メイツ出版ホームページァドレス　http://www.mates-publishing.co.jp/

編集長:折居かおる　副編集長:堀明研斗　企画担当:折居かおる